메갈리아의 반란

메갈리아의 반란

유민석

봄알람

차례

들어가며

'메갈리아'라는 집단은 갑작스레 등장했다. 극심한 여성혐오가 온라인과 오프라인, 미디어를 뒤덮고 있던 2015년 봄. 메갈리아는 정말 극히 우연한 기회로 모습을 드러냈다. 메갈리아라는 명칭은 '메르스 바이러스'와 '이갈리아의 딸들'의 합성어다. 이들은 인터넷 커뮤니티 디시 인사이드의 '메르스 갤러리'에서 처음 행동을 시작했다. 이 행동이란, 여성에게 가해졌던 혐오발언을 주어만 '남성'으로 바꿔서 그대로 되돌려주는 것이었다. 이 '미러링'이라는 미증유의 방식은 가히 센세이션을 불러일으켰으며, 엄청난 사회적 발화효과행위[1]를 낳았다. 이 미러링 방식은 여초 커뮤니티로, 여성단체로, 학계로, 페이스북으로, 트위터로, 포털 사이트로, 언론으로, 심지어는 정당마저도 논란에 휩싸이게 할 정도로 그야말로 일파만파 퍼져나갔다.

메갈리안은 '김치녀'는 '한남충'으로, '김여사'는 '김아재'로, '보슬아치'[2]는 '자슬아치'로, '꽃뱀'은 '좆뱀', '방울뱀' 등으로 바꿔 부르며 맞불을 놓았다. 성폭력이 일어났을 때 피해 여성을 탓하는 풍토, 여성을 향해 흔히 사용되던 창녀 혹은 걸레 등의 표현, 여성을 향한 때와 장소를 가리지 않는 성적 대상화 등을 비롯한 각종 여성혐오발언은 패러디되어 전복당했다. 이어서 데이트폭력, 가정폭력, 성폭력 증언도 줄을 이었으며, "여성에게 왕자는 필요 없다 Girls do not need a prince"라는 글귀의 티셔츠를 입었다는 이유로 해당 성우에게 계약 해지를 통보한 게임회사에 항의하는 '#나는_메갈이다' 해시태그 운동이나, '한남패치 사건' 등에서 명백히 드러난 경찰의 편파적 수사에 항의하는 운동 등 다양한 가시적 활동이 이어

---

1   perlocutionary act, 언어가 세계에 가져오는 언어 외적인 효과.

2   '보지'와 '벼슬아치'의 합성어.

졌다. 메갈리안은 이 여성혐오의 시대에서 빠르게 논란의 중심이 되었다. 그동안 여성이 스스로 '김치녀'가 아님을 증명해야 했듯이, 이제 남성이 '한남충'이나 '씹치남'이 아님을 증명해야 할 때가 온 것이다. 여성에게 상처이자 굴레였던 혐오발언이 놀랍게도 이들의 "저항의 도구"(Butler 1997)가 된 셈이다.

메갈리아, 그들은 과연 누구인가? 그들은 어디에서 등장한 걸까? 만연한 여성혐오가 여성들에게 '코르셋'을 입혀왔다는 그들의 말은 무엇을 의미할까? 그들은 남성을 혐오하는 집단인가? 그들로 인해 사회 속의 '혐오'가 더욱 심해지지 않을까? 그들은 다른 소수자들을 차별하는 이들인가? 그들의 말과 활동에는 어떤 의의가 있는 걸까?

이 책은 '여성혐오를 혐오한다'라는 기치를 내걸고 등장하여 수많은 화제를 낳은 메갈리아라는 새로운 주체의 탄생과 더불어 그들의 독특한 저항 방식인 '미러링'이라는 언어 행위를 분석하고, 그들을 향해 제기되는 다양한 주장과 논증의 본질을 다양한 이론가, 특히 분석철학과 화용론이라는 언어철학을 활용하여 살펴보고자 한다. 이 책은 위 질문들에 대한 답으로 구성되어 있으며, 페미니스트 언어철학자, 분석철학자, 인종혐오 연구가, 문화이론가, 법학자 등의 다양한 레퍼런스와 견해가 등장한다.

먼저 1장 '메갈리아의 등장'에서는 메갈리아가 탄생하게 된 사회적 맥락과 배경을 설명한다. 2장 '여성혐오는 무엇을 선동하는가?'에서는 여성혐오발언이 여성의 욕망과 감정, 믿음에 어떤 족쇄를 씌우고, 영향을 끼쳐왔는지를 살펴보고자 한다. 3장 '메갈리안, 그들은 누구인가?'에서는 메갈리안의 독특한 발언 방식으로 알려진 '미러링'이라는 발화의 특징을 집중 조명해보고자 한다. 4장 '메갈리아는 일베와 똑같은 혐오 집단인가?'에서는 "메갈리아는 일베와 동급의 집단에 불과하다"라는 비판에 대해서 다루어보고자 한다. 5장 '메갈리아로 인해 혐오가 더욱 심해지지는 않을까?'에서는 역시 메갈리아에 제기되는 주된 비판 중 하나인 "메갈리아의 전략이 오히려 많은 이에게 반감을 사서 혐오를 부추기고 있다"는 시각에 대해 다룬다. 6장 '메갈리아는 소수자 혐오 집단인가?'에서는 메갈리아가 행한 미러링의 부작용으로 지목되는 다른 사회적 소수자 집단(예를 들어 동성애자, 장애인, 외국인 노동자, 성노동자 등등)에 대한 혐오를 다루어보고자 한다. 여기까지의 논의를 바탕으로 마지막 7장 '메갈리아가 이루어낸 것'에서는 메갈리아라는 현상이 갖는 의의를 종합적으로 고찰해보고자 한다.

1장

메갈리아의
등장

메갈리아는 어쩌다가 등장한 것일까? 메갈(메갈리아)이 등장하게 된 배경에는 다양한 사회, 경제, 문화, 심리적인 경쟁가설이 있을 수 있지만, 나는 무엇보다도 여성혐오발언이 여성에게 주는 깊은 상처와 모욕감, 그리고 그 가운데 여성혐오를 향한 여성의 대응이 좌절당하고 묵살당하고 침묵당해왔다는 현실이 메갈을 태동시킨 원동력이 되었음에 주목하고자 한다.

여성혐오발언이 여성에게 상처를 준다는 것은 두말할 나위가 없다. 혐오발언이 피해자에게 주는 효과를 연구한 마리 J. 마쓰다에 따르면 "혐오받는다는 것, 경멸받는다는 것, 외롭다는 것은 모든 인간의 궁극적인 공포"다. 마쓰다는 "증오 메시지, 위협, 욕설, 별명, 비방은 모두 표적 집단에 놓인 자의 복부를 강타"하는 근원적 위협(Matsuda 1993)이라고 말한다. 찰스 로런스 3세 또한 비슷하게 설명한다. 그에 따르면 혐오발언은 얼굴에 따귀를 맞는 것과 마찬가지로 즉각적인 상처를 남긴다(Rawrence 1993). 또 철학자 레이 랭턴은 말한다. "한 아이는 '막대기랑 돌이 내 뼈를 부러뜨릴 수는 있지만, 이름이 날 다치게 할 수는 없어'라고 주문을 외울 수 있다. 그런데 이름은 정말로 상처를 입힌다. 이것이 아이가 주문을 외는 이유다." 그렇다. 이름은 그 자체로 상처를 입힐 수 있다. 아니, "**말은 뼈를 부러뜨릴 수도 있다.**" 말이 뼈를 부러뜨린다고? 어떻게? 공격용으로 훈련된 개에게 "죽여!"라고 말하는 것, 사형수를 향해 총을 든 이에게 "거총, 조준, 발사"라고 말하는 것, 불륜 현장을 발견한 남자 1이 남자 2에게 하는 "저 여자를 쏴!"라는 발화는, 말만으로도 뼈를 부러뜨리고 두개골을 박살낼 수도 있는 것이다(Austin 1955;

MacKinnon 1987; Langton 1993).

　　이런 혐오발언은 발화의 대상자에게 현실적이며 직접적인 부정적 효과를 낳는다. 마쓰다에 따르면 "악랄한 증오 선동의 피해자는 뼛속까지의 공포로부터 급격한 맥박 수에 이르는 생리학적인 증상과 감정적인 고통 및 호흡 곤란, 악몽, 외상 후 스트레스장애, 고혈압, 정신병 그리고 자살을 경험한다"(Matsuda 1993). 마찬가지로 찰스 로런스는 이런 혐오에 의한 정신적인 상처는 얼굴을 구타당한 것과 다르지 않으며, 종종 훨씬 더 심각하다는 사실을 분명히 한다. 욕설과 희롱은 피해자에게 깊은 감정적 상처로 남으며, 이로 인한 불안과 공포의 감정은 피해자의 삶 전체에 스며들게 된다. 혐오 선동의 피해자 대다수가 빠른 심장 박동 수나 호흡 곤란과 같은 심리적, 감정적 증상을 경험한다(Lawrence 1993). 그런 발언이 "비합리적일수록, 그것은 우리가 가장 고통스럽게 느끼는 감정의 장소를 강타한다"고 마쓰다는 말한다. 이러한 혐오 피해자는 심할 경우 사적 사유의 제약을 경험하고, 혐오 메시지에 제대로 된 대응을 하지 못한 채 직장을 그만두거나, 교육을 포기하거나, 가정을 떠나거나, 특정 공공장소를 피해야 하는 등 일생상활의 제약을 받는다. 이들은 스스로를 표현할 권리를 행사하기 어려워지며, 혐오발언에 대응하기보다는 스스로의 태도와 처신을 수정하게 된다(Matsuda 1993). 수많은 학자가 혐오발언이 피해자에게 가하는 정신적, 육체적, 사회적인 피해에 관해 입을 모아 이야기한다.

　　혐오발언의 효과로서 주목해야 하는 것은 상처뿐만이 아니다. 혐오는 무엇보다도 청자의 대응을 **침묵시킨다**. 먼저 성희롱이나 여성혐오발언에 대한 여성의 발화 대응 방식을 경험적으로 분석한 로라 베스 닐슨의 연구, 그리고 혐오발언과 포르노그래피가 어떻게 여성을 침묵시키는지, 반대로 여성의 언어 행위는 어떻게 침묵당하는지를 분석철학과 화용론을 통해 고찰한 페미니스트 철학자 레이 랭턴의 이론을 통해 이에 대해 살펴보고자 한다. 여성혐오는 그간 여성을 침묵시켜왔을 뿐 아니라, 이에 대응하는 여성의 목소리를 지워왔다. 몰래카메라 혹은 성폭력 근절을 외치는 여성에게 "님은 몰카 걱정 안 해도 될 것 같은데요?"라고 말하는 것이 바로 대응의 목소리를 침묵시키는 상황의 흔한 예다. 이때 문제를 제기하는 여성의 목소리는 "발화효과행위적 좌절"(Langton 1993)을 겪는다. 여성이 여성혐오적인 미디어 재현에 불편함을 표했을 때 남성이 "피해의식 심하시네" 따위의 조롱 투로 대응하는 것 역시 "의미 말살장치"[1]의 작동으로서, 같은 사례에 해당한다. 이런 환경에서 여성의 표현의 자유는 박탈당해왔으며, 여성혐오에 저항하고 문제를 제기하는 것조차 쉬운 일이 아니었다.

침묵당하는 여성들

이렇게 난무하는 여성혐오 표현과 성희롱은 분명 여성이 인터넷과 같은 공론장에 참여하기 어렵도록 가로막고, 여성의 발화를 말살해왔다. 혐오발언을 연구한 앤서니 코티즈에 따르면 권력과 권위의

---

[1]   Meaning Obliterator, 철학자 캐럴라인 웨스트가 고안한 개념으로, 화자로 하여금 말을 유통시키는 것은 허용하지만 청자로 하여금 화자의 말의 의미를 파악하지 못하도록 가로막는 장치.

지위를 보유하고 있는 것이 주로 남성이기 때문에, 대부분의 성희롱 가해자는 남성이며, 피해자는 여성이다. 그는 성희롱이 상사가 부하직원에게, 교수가 학생에게, 더 강한 동료가 더 약한 동료에게 저지르는 전형적인 권력 행위라고 분석한 뒤, 단서를 달았다. "그러나 언제나 그런 것은 아니다. 조사된 바에 따르면 여성 의사의 77퍼센트는 그들의 남성 환자에 의해, 대부분은 그들의 집무실에서 성적으로 괴롭힘을 당했다." 그리고 이런 성희롱은 기술매체와 결합하여 이메일, 채팅방, 메신저를 통해 인터넷상에서 확장되었다고 코티즈는 말한다(Cortese 2005).

> 남성은 인터넷을 지배하고 있는 것처럼 보인다. 즉 그들은 어젠다와 스타일을 설정하며 인터넷에 참여하기를 원하는 여성은 남성이 만들어낸 규칙에 따라 행동해야 한다. 이러한 상황은 여성이 인터넷에 참여하기에 적대적인 환경을 만들어내기 때문에 성적 괴롭힘에 해당한다.[2]

그러나 그렇다 하더라도 여성이 여성혐오를 침묵 속에 전적으로 방관해왔던 것은 아니다. 오히려 지속적으로 여성혐오에 문제를 제기해온 많은 여성이 있었으며, 여성혐오의 표적이 되었을 때 여성들이 단순히 수동적 피해자로서 이를 묵인해왔던 것은 아니다. 무엇보다도, 대응의 목소리를 내지 않은 여성이 여성혐오 표현에 내포된 메시지에 동의했다고 볼 수 없다는 점을 먼저 분명히 하고자 한다. 공공장소에서의 여성혐오발언에 대한 여성의 반응, 대응 방식을

2   Cortese 2005: 90

연구한 로라 베스 닐슨은 여성이 여성혐오적 발화를 무시하는 것과 그 발화의 메시지를 받아들이는 것의 차이를 분명히 했다. 닐슨이 수행했던 모욕적인 표현에 대한 여성의 대응 방식 연구에 의하면, 혐오의 수신자는 대부분 혐오를 **무시**한다. 그에 따르면 혐오발언을 수신한 대부분의 여성은 그 발화를 완전히 무시하거나 "숨겨진 대응을 가지고만 있다". 여성이 혐오발언을 무시하는 것은 때로 숨겨진 저항이자 최소한의 반항이다. 예컨대 어떤 이들은 남성이 혐오 표현을 하면서 어떤 반응을 구한다고 생각하기 때문에 이를 무시하기로 결정한다. "그런 발언을 무시함으로써, 이 여성은 자신들이 믿기에 화자의 진짜 욕망을 좌절시키는 가장 효과적인 것을 행하고 있는 것"이다. 즉 혐오발언을 무시하는 행위는 혐오발언의 내용이나 그 발언에 전제된 관념을 수용함을 뜻하는 것이 아니다(Nielsen 2012).

주지하다시피 여성혐오에 대응하고자 했던 여러 움직임은 끊임없이 생산, 재생산되는 여성혐오 앞에서 무력했다. 여성혐오의 표적이 된 여성 개인이 혐오발언이 행사되는 실제 현장에서 단신으로 저항하기란 쉽지 않다. 누군가가 소수자를 향해 모욕을 퍼부었을 때, 모욕당한 이는 반격하기보다는 침묵 또는 회피를 택한다(Lawrence 1993). 안타깝게도 성적으로 외설적인 표현에 의한 희롱 또는 모욕을 당한 이 중 대부분은 전혀 대응하지 않으며, 대응의 결과가 두려워 이를 무시하는 것이 현실이다(Nielsen 2012). 여성의 발화는 "의미 말살장치"로 인해 소거되어왔고, 여성은 각종 스토킹, 협박, 사이버 마녀사냥 등으로 인해 입에 재갈이 물린 채 표현의 자유를 박탈당해야 했다. 많은 이의 분석대로 인터넷 공론장에서 여성은, 여성혐오발언의 폭력성으로 인해 강요된 침묵을 경험해야만 했던 것이다. 닐슨이 자신의 주장을 입증하고자 인용한 사례를 살펴보자.

사례 1.

A 남자들은 이렇게 말하곤 해요. "어이 자기, 너 끝내준다"거나 "야 이리 와서 나랑 얘기 좀 하자"거나 "어디 가서 둘만 있자" 뭐 이렇게요.

B 그런 종류의 코멘트에 보통 어떻게 대응하시나요?

A 그때그때 달라요. 만일 위협을 느끼지 않는다면, 보통 이렇게 말해요. "당신 엄마가 당신이 여기서 여자한테 이런 식으로 말하고 있는 거 아나요?" 아니면 "만일 누가 당신 여자친구에게 이런 식으로 말했다면 어떨 것 같아요?" 뭐 이렇게요. 만일 제가 위협을 느낀다면, 그 말을 듣지 못한 척하고 가던 길을 계속 가요.(29세 백인 여성, 인터뷰 #16)

사례 2.

A 바로 지난주에 몽고메리의 바트 역에서 어떤 노숙자가 저한테 와서 말했어요. "나는 여자가 싫어. 여자는 다 걸레들이야." 그게 가장 머릿속에 남았던 것 같아요.

B 흠. 모든 여자는 걸레라고 말한 그 남자에게 당신은 뭐라고 말했나요?

A 그냥 뒤를 돌아서 아무 말도 하지 않았어요. 상당히 무서웠거든요.(24세 백인 여학생, 인터뷰 #10)[3]

닐슨의 연구 결과에 따르면 성희롱을 당하거나 여성혐오 발언을 수신한 이들 대부분은 그것에 저항하지 않는다. 오히려 이들이 저항 발언에 참여하기를 꺼린다는 사실을 보여주는 다양한 근거가 있다. 이들이 저항하지 못하는 가장 흔한 이유는 '안전에 대한 두려움'이다. 혐오발언의 표적이 되었을 때 가장 전형적인 반응은 '아무것도 안 하기', '그냥 웃기', '무시하기', '무시하고 자리를 뜨기'다(Nielsen 2012). 이런 맥락에서 인종혐오 연구자인 리처드 델가도는 혐오발언에 대한 해법으로 규제가 아닌 피해 당사자의 "더 많은 말more speech"을 제시하는 것이 잘못되었다고 주장한다. 욕설의 피해자들은 그가 받은 모욕으로 인한 피해에 대응할 수단을 거의 가지고 있지 못하다. '더 많은 말'은 더 심한 학대로 이어지는 데 그칠 수 있다는 점, 그리고 모욕하는 자는 대개 피해자에 비해 권위를 갖는 지위에 있다는 점에서 '더 많은 말'은 별 쓸모가 없는 경우가 많다(Delgado, 1993).

닐슨이 말했듯 여성혐오나 성희롱에 대해 되받아쳐 말하는 것은 극히 일부 수신자에 불과하며, 대개는 그 발화를 완전히 무시하고(혹은 숨겨진 대응을 가지고만 있는 채) 넘어간다. 반면 육체적으로 덜 약한 남성은 그들이 "보다 위협적인 무언가로 잠재적으

---

3   Nielsen 2012: 160

로 악화될 수 있는 어떤 대화에 참여할 가능성"이 더 높다. 이처럼 경험적인 연구 결과는 이미 남성과 여성의 언어 행위에 존재하는 권력비대칭, 그리고 모욕적인 성희롱이나 여성혐오발언에 대한 여성의 무대응을 입증하고 있다(Nielsen 2012).

발화 가능성은 곧 권력이다

성희롱이나 포르노그래피의 본성을 파헤친 캐서린 매키넌은 더 나아가, "**남성의 표현의 자유는 여성의 표현의 자유를 침묵시킨다**"(MacKinnon 1987)고 주장한다. 인종차별적 혐오발언을 연구한 찰스 로런스 3세 역시 여성과 소수자는 차별적인 언어 공격에 직면했을 때 그들 스스로 말하는 데 어려움을 겪는다고 보고한다. 이때 혐오발언에 대응하지 못하는 이들의 무능력은 이들 집단의 과민반응이 아니며, 이러한 도발적인 말에 종속된 피해자는 사회 내에서 상대적으로 권력을 갖지 못한 이들의 위치로 인해 다시 침묵당한다(Lawrence 1993).여성혐오의 선제공격이 1차적으로 타깃을 침묵시킨다면, 피해자 집단에게 권력이 부재하다는 사실이 2차적으로 다시금 이들을 침묵시키는 것이다.

이렇게 여성혐오발언이 여성을 **침묵시키는** 방식, 혹은 여성이 여성혐오발언 앞에서 **침묵당하게** 되는 방식은 언어행위이론으로 보다 심도 있게 설명할 수 있다. 철학자 레이 랭턴은 '남성의 일부 억압적인 발언이 여성을 침묵시킨다'는 유명한 테제를 내세웠다. 실제로 랭턴은 혐오발언에 관한 언어철학 논문이나 저서에서 가장 많이 등장하는 저자이기도 하다. 남성의 혐오발언이 여성을 침묵시키고, 여성의 항의나 경고는 역으로 또다시 침묵당한다는 랭턴의 논증은 그동안 여성이 침묵을 강요당해왔다는 것과, 이를 향한 저항이 어려웠던 현실을 놀랍도록 명쾌하게 설명해준다.

「발화행위와 발화불가능한 행위Speech Acts and Unspeakable Acts」라는 논문에서 랭턴은 언어행위이론에 의지하여 혐오발언이 여성을 침묵시킨다고 주장했다. 그에 따르면 혐오발언의 주요 효과는 피해자 개인이나 피해자 집단 측의 잠재적인 대응을 침묵시키는 것, 즉 "발화불가능하게 만드는 것make unspeakable"(Langton 1994; 1998; 2012)이다. 랭턴에 따르면 권위적인 화자에 의해 표현되는 권위적인 말(즉, 여성혐오발언이나 동성애혐오발언)은 여성, 동성애자를 침묵시킨다. 또한 반대급부적으로 사회적 권력이 결여된 자들(예컨대 여성, 동성애자, 장애인)은 발화할 수 없다. 따라서 혐오발언은 '침묵시키는 말silencing speech'이며, 사회적 약자들은 발화할 수 있는 권력이 결여된 '침묵당하는 자들'이 된다. 물론 랭턴의 주장은 여성혐오에 국한된 것은 아니다. 그에 따르면 권력이 부재한 자인 동성애자나 장애인은 늘상 침묵당하는 존재이며, 동성애혐오나 장애인혐오는 이들을 침묵시키는 말이다.

어떤 말은 명령이나 위협을 통한 '침묵시키는 말'이다. 야유하는 배심원을 향해 판사가 "법정에서는 침묵하시오"

라고 말하는 것을 가정해보자. (…) 야유하려는 사람을 침묵하게 하는 것은 현실이고, 이는 그저 침묵이다.[4]

"고딩 보지 따먹고 싶다", "네가 짧게 입고 다녀서 강간당한 것 아니냐", "김치년", "보전깨"(보지에 전구를 넣고 깨다), "보슬아치", "봉씌먹"(봉지를 씌우고 따먹다) 따위의 언어 행위는 여성을 침묵시켜왔다. 그리고 랭턴에 따르면 이때 어떤 말이 타인을 침묵시키는 힘을 가질 수 있는 것은 바로 화자의 '권력' 때문이다. "만일 당신이 권력을 가지고 있는 자라면, 당신은 때로 권력이 없는 자들의 발화를 침묵시킬 능력을 지닌다." 랭턴의 분석을 통해 보자면, 남성이 자행하는 여성혐오는 젠더 불평등으로 인해 권력이 부재한 여성을 침묵시킬 수 있는 권력을 가지고 있다(Langton 1993).

주인은 노예에게 명령하거나 충고할 수 있다. 주인은 노예의 어떤 행위의 허용을 승인하거나 거절할 수 있다. 노예는 주인의 허용을 승인하거나 거절할 수 없다. (…) 노예는 주인에게 애원할 수 있지만, 명령할 수는 없다. 권력 균형의 비대칭은 특정한 발화내행위를 수행하는 그들 능력의 비대칭에 반영된다. 노예에 의한 명령이나 금지의 시도는 오스틴적인 의미에서 항상 부적절할 것이다. 그 같은 행위는 노예에게 있어 발화불가능하다. 무언가가 그의 발화를 침묵시켰다. 그의 내뱉어진 말을 들리지 않게 만들거나 쓰인 글들을 읽을 수 없게 만든다는 의미에서가 아니라, 소리나

4   Langton 1993: 318

문자로부터 발화내행위력을 박탈한다는 의미에서, 또한 그 같은 말로 하여금 그것이 의도되었던 대로의 행위로 간주되는 것을 막는다는 의미에서 말이다.[5]

어찌되었건 화자와 청자 사이의 이러한 권력 관계 비대칭은 여성혐오발언에 권력을 주입하여 청자를 침묵시킬 수 있었다. 다양한 사회학·경제학적 지표가 뒷받침해주듯이, 현재의 사회적 맥락에서 남성이 여성에 비해 경제적·사회적 권력을 좀 더 보유하고 있는 것은 사실이며, 이 권력에 의해 이들은 여성혐오발언을 통해 여성이 공론장에서 발화불가능하도록 만들 수 있다. 반대급부적으로, 여성혐오발언 앞에서 여성의 언어는 침묵당한다.

무엇이 여성을 '발화불가능'하게 만드는가

공론장에서 여성은 각종 악성 댓글, 사이버 스토킹, 신상 털이, 마녀사냥, 욕설 등으로 인해 배제당해왔다. 이에 더해 여성에게 가해지는 젠더 규범, 이를테면 여성은 순종적이고 조신해야 하며 날씬하고 아름다워야 한다는 말, 꽃과 같이 남성에게 기쁨을 주는 존재여야 한다는 언어 행위는 여성이 이에 항의하고 경고하지 못하도록 막는다. 여성혐오는 침묵시키며, 여성은 침묵당한다. 이 악순환 속에서 여성은 언어를 잃어버리고 목소리를 잃어버린 인어공주, '에

---

5   같은 글, 316

코' 같은 존재가 된다. 랭턴에 따르면 "어떤 언어 행위는 어떤 맥락에서 여성에게 **발화불가능하다**". 랭턴은 언어철학자 오스틴의 삼중 구분을 따라 침묵을 세 종류로 구분한다.

발화행위적 재갈

첫 번째는 청자가 화자를 무서워하거나 보복이 두렵거나 항의가 부질없다고 생각할 때 어떤 말(발화행위)도 하지 않는 '발화행위적 재갈locutionary gag'이라는 침묵이다.

> 무엇보다 가장 기초 단계에서 권력이 없는 집단의 구성원은 협박을 당하거나 아무도 듣지 않을 거라고 믿기 때문에 침묵할 수 있다. 그들은 항의가 부질없다고 생각하기 때문에 전혀 항의하지 않는다. 그들은 총이 무섭기 때문에 결코 투표하지 못한다. 그 같은 경우 어떤 말도 전혀 발언되지 않는다. 발화자들은 심지어 오스틴의 용어로 발화행위locutionary act조차 수행하지 못한다.[6]

이 발화행위적 재갈은 앞서 공공장소에서의 성희롱에 대한 여성의 대응을 연구한 닐슨의 사례에서 이미 보았던 것이다. 여성은 성희롱이나 혐오발언에 대응하기가 두렵고, 그것이 시간낭비라고 생각하기 때문에 대부분 대응하지 않았다. 이런 재갈은 공포나 협박에서 기인하기도 한다. 이를테면 데이트를 신청하거나 전화

---

6   같은 글, 315

번호를 달라는 남성에게 거절 의사를 표시한 여성이 "강남역 살인 사건이 왜 일어난지 아시죠?"라고 협박을 받은 경우, 이 여성의 거절이라는 발화행위에 재갈이 물리게 된다. 연인과 헤어지고 싶은 여성이 남성으로부터 "나랑 헤어지자고 하면 네 알몸 동영상 인터넷에 뿌린다"라고 협박당하는 경우, 여성의 헤어지자는 발화행위에 재갈이 물리게 된다.

발화효과행위적 좌절

그다음으로는 말은 행하지만 아무런 효과도 낳지 않는, 청자에 의해 묵살당하거나 무시당하는 침묵이 있다. 이를 '발화효과행위적 좌절perlocutionary frustration'이라고 한다.

> 그럼에도 때때로 사람들은 말하고자 하지만, 그들이 말하는 것은 그들이 의도하는 효과를 달성하지 못할 것이다. 이같은 발화자는 의도했던 발화효과행위를 수행하지 못한다. 우리가 '발화효과행위적 좌절'이라고 부를 수 있는 이두 번째 종류의 침묵시키기는 삶의 흔한 사실이다. 누군가는 논증하지만, 아무도 설득되지 않는다. 누군가는 초대하지만, 아무도 파티에 참석하지 않는다. 누군가는 정부를 축출할 것을 희망하면서 투표하지만, 누군가는 압승한다. 달성된 효과가 발화자의 특별한 사회적 계급의 신분에 의지하고 있을 때, 그런 좌절은 정치적 차원을 지닌다.[7]

7   같은 곳.

많은 여성이 그간 여성혐오에 괴로워하고 분노하며 항의 했을 때 돌아오던 답변은 "본인이 김치녀 아니면 상관없지 않나요? 찔리면 김치녀죠." "네 다음 김치녀" 등이었다. 이런 답변을 통해 강요되는 침묵이 '발화효과행위적 좌절'이다. 의도한 말을 행하지 만, 청자가 그것을 조롱하거나 무시하거나 묵살하기 때문에 발생하 는 침묵이다. 이를테면 여성이 자신이 경험한 과거의 성폭력이나 데이트폭력을 증언하는 경우, "왜 본인 경험 가지고 모든 남성이 그 런 것처럼 일반화하시죠?" "제 주변에선 그런 일 없는데요?" "조작 아니에요?" "그런 놈들이 주변에 꼬였다는 건 님에게도 문제가 있 다는 거겠죠"라고 말하는 식이다. 캐서린 매키넌은 이런 발화효과 행위적 좌절을 다음과 같이 명쾌하게 정리한다.

당신은 누구에게도 말할 수 없다. 당신이 이에 대해 말하고 자 하는 경우, "그런 일 없었어", "네가 상상한 거야", "네 가 원했던 거야"라는 말을 듣게 되기 때문이다.[8]

발화내행위적 불능

세 번째, 좀 더 기이한 침묵의 방식이 존재한다. 이는 공포 로 인해 말을 못하는 침묵도 아니고, 청자에게 무시당하고 묵살당 하기에 발생하는 침묵도 아니다. 아예 그런 관습이 존재하지 않기 에 의도한 말을 수행할 수 없는 침묵으로, 마치 노예는 '명령'이라 는 언어 행위 자체를, 노동자는 "넌 해고야!"라는 언어 행위 자체

8   MacKinnon 1992: 3

를 수행할 수 없는 것과 같은 침묵이다. 이것을 '발화내행위적 불능 illocutionary disablement'이라고 부른다.

> 누군가 말하고, 낱말을 발언하며, 누군가가 겨냥한 효과를 달성하지 못할 뿐 아니라 누군가가 의도한 바로 그 행위를 수행하지 못할 때 발생하는 침묵시키기의 세 번째 유형이 있다. 여기서 발화는 불발되며, 오스틴이 설명했던 방식으로 그 행위는 부적절해진다. 비록 적절한 말이 적절한 의도를 가지고 발언되었다 하더라도, 발화자는 의도했던 발화내행위를 수행하지 못한다. 이는 우리가 '발화내행위적 불능'이라고 부를 수 있는, 세 번째 종류의 침묵시키기다.[9]

여성은 "어이 미스터 김, 가서 커피 좀 타와"라는 명령을 수행할 수 없다. "오늘 김 대리 왜 이렇게 예민해? 몽정했어?"라는 질문도 수행할 수 없다. 동성애자는 "언제부터 이성애자가 되었니?"라는 질문을, "네가 이성애자라고 가족에게 다 알려버리겠다"라는 협박을 수행할 수 없다.(혹은 이와 같은 협박은 좌절당한다.) 랭턴에 따르면 이런 발화내행위적 불능은 동일한 현상의 다른 측면을 제시한다. 권위를 가졌다는 사실은 발화자가 권위가 아니었다면 사용할 수 없었을 발화내행위를 수행하게끔 한다. 관련된 영역에서 권위의 부재는 발화자가 발화내행위를 수행할 수 없게 한다. 이것이 바로 발화내행위를 수행하는 능력이 권위의 척도, 정치적 권력의 척도로 간주될 수 있는 이유다(Langton 1993). 랭턴이 제시하는 다음 사례에서 화

9   Langton 1993: 315

자는 자신의 지위 때문에 청자에게 '경고'를 하는 데 실패한다.

예시 (1) 경고하기

다음 장면을 상상해보자. 배우가 불이 나도록 되어 있는 장면을 연기하고 있다. "불이야!" 그는 소리친다. 그리고 그는 작가의 지시에 따라 "정말이야! 저 연기 좀 봐봐!" 등을 덧붙일 것이다. 그런데 이때 진짜로 불이 나고, 배우는 정말로 관객에게 경고하고자 하나 부질없게 된다. "불이야!" 그는 소리친다. "정말이야! 저 연기 좀 봐봐!"

배우는 그가 수행하고자하는 그 행위에 적절한 낱말을 말한다. 그는 발화행위를 올바르게 행한다. 그는 경고하고자 의도한다. 만일 적절한 의도가 경고하기의 적절성 조건 가운데 하나라면, 이는 그가 충족시키는 조건이다. 그러나 그는 경고하지 못한다. 이해도uptake는 획득되지 않는다. 그가 차지하고 있는 역할에 대한 무언가가 그의 발언이 경고하기로 간주되는 것을 막는다. 어쩌면 극장의 관습에 관한 무언가가 그가 행할 수 있는 발화행위를 제약한다. 관객의 동일한 의도를 가진 동일한 말은 경고로 간주될 것이다. 그러나 배우는 침묵되었다. 경고하기의 행위는 그에게 있어 발화불가능한 것이 되었다.[10]

10   같은 글, 316-317

랭턴은 철학자 도널드 데이비슨으로부터 인용한 이 사례를 통해, 여성은 마치 불이 난 장면을 연기하고 있는 배우처럼 청자에게 경고하는 데 실패한다고 간주한다. 배우가 배우이기 때문에 경고하지 못하는 것처럼, 여성은 여성이기 때문에 경고하지 못한다는 것이다. 여성은 여성혐오에 관해 남성에게 경고할 수 없다. 또한 여성은 성희롱, 성폭력, 혐오발언과 같은 여성혐오에 대해 '아니오'라고, '거절'도 할 수 없다. 다음 사례를 보자.

예시 (2) 거절하기

"안 돼요[no]"라는 발언을 고찰해보자. 우리는 모두 이 말로써 어떻게 행위하는가를 알고 있다. 우리는 반대하기 위해, 거절하기 위해, 혹은 금지하기 위해 전형적으로 "안 돼요"를 사용한다. 성적인 맥락에서 여성은 때때로 섹스를 거절하기 위해, 더 나아가 성적인 접근을 금지하기 위해 이 발언을 사용한다. 그러나 성적인 맥락에서 무언가 이상한 일이 발생한다. 때때로 여성은 섹스를 거절하기 위해 "안 돼요"라는 발화행위를 사용하고자 하나, 이것이 작동하지 않는다. 이는 데이트 강간을 당했다고 보고하는 여대생의 20퍼센트에게 있어 작동하지 못한다. 성적으로 강제당했다고 보고하는 고학년 여고생의 25퍼센트에게 있어 작동하지 못한다.[11]

11   같은 글, 321

여성은 남성의 요구에 대해 "안 돼", "싫어"라는 거절을 행하지만, 랭턴이 제시한 것과 마찬가지로 묵살당한다. 나아가 랭턴은 여성의 '거절 행위'를 청자가 인지했음에도 불구하고, 여성의 의도가 좌절되는 경우를 이야기한다.

때때로 여성의 청자는 그가 수행하는 행위를 인식하고 있다. 즉, 그는 여성이 거절하고 있다는 것을 인식한다. 이해도[uptake]는 획득된다. '안 돼요'라고 말하면서, 그는 정말로 거절한다. '안 돼요'라고 말함을 통해, 그는 자신의 청자가 접근을 계속하지 못하도록 막고자 한다. 그러나 청자는 계속 여성에게 섹스를 강제한다. 여성은 금지하지만, 남성은 복종하지 못한다. 여성은 자신의 거절이라는 목표를 달성하지 못한다. 그의 거절은 좌절된다. '발화효과행위적 좌절'은 그냥 강간에 다름 아닌 것에 붙여진 너무 온화하고 학술적인 명칭이다.[12]

여성은 데이트 폭력이나 강간, 성희롱에 대해서도 "안 돼요"라고 말(발화행위)은 할 수 있다. 그런데 이 "안 돼요"가 "돼요"로 뒤틀리는 침묵이 존재한다. 이는 '거절하기'가 발화내행위적 불능이 되는 침묵이다.

이 발화내행위적 불능의 다른 현상도 존재한다. 때로 여성의 '안 돼'라는 말은 애초에 거절의 행위로 간주되지 않는다. 청자는 이 발언을 거절이라 인식하지 못한다. 즉 이해도가 획득되지 못하

12   같은 곳.

는 상황이다.

"안 돼요"라고 말함으로써 여성은 섹스를 막고자 하지만, 그는 그가 의도한 것에서 멀리 떨어져 있다. 발화내행위적 힘은 획득되고 있는 이해도에 부분적으로 의존하고 있기 때문에, 여자는 거절하지 못한다. 그는 데이비슨의 이야기 속 배우가 침묵되는 만큼, 침묵당하는 배우의 위치에 있다. 배우가 "불이야"라고 소리친다. 그는 적절한 발화행위를 수행한다. 그는 그가 말하는 바를 뜻한다. 그는 경고하고자 의도한다. 그는 경고하고자 시도한다. 그러나 그가 말하는 것은 불발된다. 그에 대한 무언가가, 즉 그가 맡고 있는 역할에 관한 무언가가 그로 하여금 관객에게 경고하는 것을 막는다. 여성은 "안 돼요"라고 말한다. 그는 적절한 발화행위를 수행한다. 그는 그가 말하는 바를 뜻한다. 그는 거절하고자 의도한다. 그는 거절하고자 시도한다. 그러나 그가 말하는 것은 불발된다. 그에 대한 무언가가, 즉 그가 맡고 있는 역할에 관한 무언가가 그로 하여금 거절을 표현하는 것을 막는다. 거절─그 맥락 안에서─은 그에게 발화불가능하게 되었다. 이러한 사례에서 거절은 단지 좌절될 뿐 아니라 불능이 된다.[13]

예를 들어 여성이 싫다고 표현했는데 청자가 그것을 '여자가 좋으면서 괜히 그런다'고 가정하는 경우 여성은 거절하는 데 실

13   같은 곳.

패한다. 이때 여성의 진지한 거절은 묵살당하거나 역설적이게도 동의로 인식된다. 비슷한 경우로 여성이 항의하고 있지만 그 자체가 성적인 유혹으로 뒤틀려지는 경우도 존재한다. 여성의 진지한 항의가 앙탈이나 애교로 받아들여짐으로써 침묵당하는 경우다.

예시 (3) 항의하기

랭턴이 제시하는 다음 사례를 보자. 아래 인용은 '426. 금지된 성적 환상' 또는 '428. 난교: 에로틱한 경험' 같은 제목 사이에 배치된 "성인 전용" 광고 카탈로그에 실린 내용이다.

No. 427. 『끔찍한 경험』
린다 러블레이스의 자서전. 「목구멍 깊숙이」의 스타가 포르노 지하세계에서 겪는 노예생활, 야만적 폭력의 악몽 같은 끔찍한 경험과 말할 수 없는 도착, 흥분을 추구하는 유명인사와 가학적인 범죄자에 대한 충격적인 이야기를 들려준다. 21세 이상 성인 전용.

포르노에 반대하는 페미니스트들이 자주 인용하는 이 책 『끔찍한 경험』에서 린다 러블레이스(본명 린다 수전 보어먼)는 자신이 겪은 여러 가지를 증언하고 있다. 러블레이스는 영화 「목구멍 깊숙이」에서 주연 배역을 수행하기 위해 자신이 당해야 했던 폭행, 최면, 고문에 대해 이야기한다. 그런데 랭턴은 묻는다. 카탈로그 속에서 『끔찍한 경험』은 어째서 성인 전용인가? 답은 간단하다. 그것이 결국 포르노이기 때문이다. 1983년 미네아폴리스 청문회에서 이 책은 포르노에 관한 중요한 증거물로 다루어졌다. 그러나 청문회에서 획득된 이 책에 대한 이해는 결국 포르노의 그것에 속박되고 만다.

> 마치아노(린다의 결혼 후 이름)는 항의의 행위에 적절한 낱말을 말한다. 그는 올바른 발화행위, 즉 자신의 종속을 아주 생생하게 묘사하는 말을 사용한다. 그는 항의하고자 한다. 그러나 그의 발화는 불발된다. 그가 누구인가에 대한 무언가가, 즉 그가 맡고 있는 역할에 관한 무언가가 그로 하여금 항의의 적절성 조건을 충족시키는 것을 막는다. 협박과 재갈이 사라졌음에도 불구하고, 또 다른 종류의 침묵이 있다. 그 역시 데이비슨의 '배우의 곤경'에 처해 있다. 이야기 속 배우에게 있어 경고하기는 발화불가능한 것이었다. 마치아노에게 있어 항의하기는 발화불가능한 것이다. 배우가 말하고자 하는 것은 '단지 연기하고 있는' 것으로서 출현한다. 마치아노가 말하고자 하는 것은 포르노로서 출현한다. 그의 항의는 무력화된다.[14]

포르노 배우 린다 러블레이스의 사례 역시 항의라는 언어행위가 침묵당하는 경우를 보여준다. 자신의 데이트폭력이나 성폭력을 증언함으로써 항의하는 여성이 '딸감'으로 전락하는 것이

14   같은 글, 321-322

다. 랭턴이 강조했듯, 권력을 가진 사람은 보다 많은 것을 행하고, 보다 많은 것을 말할 수 있다. 자신의 말을 권력을 갖지 못한 이의 말보다 좀 더 가치 있는 것으로 만들 수 있다. 권력을 가진 자는, 자신의 말로써 훨씬 많은 것을 행할 수 있다. 성별에 따른 권능의 차이가 엄연한 사회에서 이는 무시할 수 없는 차이를 만들어낸다. 여성은 끝없이 침묵당하며, 혐오발언에 저항할 자유조차 얻지 못한다. 말하고자 하는 것을 말할 수 있는 자유에 근원적 제약을 받고 있는 것이다.

> 포르노그래피와 성폭력에 항의할 자유, 여성이 원할 때 섹스를 거부할 자유, 법정에서 폭력에 대해 언쟁할 자유, 혹은 섹슈얼리티에 대한 새로운 방식의 사고를 환영하고 옹호할 자유. 중요한 것은 우리가 방법을 알고 있다고 생각할 때조차 여성이 말을 가지고 무언가를 행할 수 없다는 사실이다.[15]

물론 계급, 성적 지향, 장애 여부, 지역, 나이, 학벌 등에 따라 그 권력 관계는 상이할 수 있다. 하지만 남성은 여성에 비해 '언어 자본'을 더 많이 가지고 있다. 남성 화자의 언어는 많은 경우 여성의 언어보다 신뢰받으며, 남성은 언론이나 교육, 학계, 정치판, 사회운동 등과 같은 공적 영역에 대한 접근 권한이 더 많으며, 따라서 보다 더 많은 발언권을 가지고 있다. 캐럴라인 웨스트 역시 여성의 발화가 남성에 비해 주목받지 못한다고 지적했다.

15   같은 글, 328

일반적으로 여성의 발화는 남성의 발화에 비해 덜 주목받는다. 예를 들어 세제의 장단점과 같이, 여성이 특별한 전문성을 갖는다고 상정되는 영역을 제외하면 말이다. 이 경우 여성은 일반적으로 남성보다 좀 더 신뢰가 있는 것으로 여겨진다.(하얀 실험 가운을 입은 남성과 비교될 때를 제외한다면 말이다.) 그러나 어떤 여성이 정치나 경제 정책에 대한 정통이 아닌 의견을 표현하는 경우엔 그렇지 않다. 사회·정치적 변화를 야기하는 데 핵심적인 이들 영역에서 집단으로서의 여성은 남성에 비해 전문적이지 못한 것으로, 그들의 견해는 따라서 덜 정확한 것으로 여겨진다.[16]

그렇다면 그동안 많은 여성이 여성혐오에 대해 침묵했던 것은 이런 강요에서 비롯된 것이 아닐까? 그간 무수히 자행되었던 여성혐오발언에 대한 경고, 항의, 거절, 반항이 없는 듯 보였던 것은 권력이 부재한 가운데에서도 여러 가지 방식으로 말하고 또 행동해온 여성의 발화행위가 결과적으로 침묵되었기 때문일까? 여성의 언어가 갖는 힘이 약했기에 주목을 받지 못했고, 여성의 말은 감정적이고 비논리적이라 치부되어 묵살당했기 때문일까? 어느 정도는 그렇다. 한국사회에서 여성이 겪는 불평등과 차별은 극심하며, 이러한 권력 비대칭은 여성과 남성의 언어 행위에 반영되어 있다. 이러한 누적된 침묵과 억압은 분명 메갈리아 등장의 배경이 되었다. 어떤 인내의 한계 상황에 도달해, 더 이상 침묵당할 수 없다는 여성들의 외침이 터져 나온 것이다. 그런데 여성을 침묵시킨, 지금까지

16   West 2012: 244

논의한 것 외의 힘이 존재한다. 바로 여성 스스로 여성혐오를 내면화하고 이를 재생산함으로써 여성인 자신 그리고 또 다른 여성을 침묵시키는 힘이다. 메갈리안은 이것을 '코르셋'이라 부른다.

2장

여성혐오는
무엇을
선동하는가?

여성혐오는 여성에게 특정한 '여성성'을 강요한다. 예쁘고 날씬하지 않은 것, 잘 웃지 않고 무뚝뚝한 것, 큰 소리로 의견을 말하는 것 등은 이런 '여성성'에 대립되는 것으로 배치된다. 메갈리안은 여성혐오가 여성에게 강요하는 이러한 특정한 여성성이나 젠더 규범을 가리켜 '코르셋'이라고 부른다. 이 장에서는 여성혐오가 어떻게 믿음, 감정, 욕망을 선동하는 방식으로 여성에게 그런 코르셋을 입혀 왔는지를 이야기해보고자 한다.

혐오가 타인을 선동한다는 연구 결과는 많다. 마리 J. 마쓰다가 말한 인종차별주의에 대한 심리학 연구도 한 예다. 인종차별적 혐오는 명백한 선동의 효과를 나타낸다. 피해자와 지배집단의 구성원이 아무리 인종차별적 혐오 선동에 반대한다 해도, 이러한 혐오의 존재 자체가 인종적 열등성을 어느 정도 사상으로서 주입한다. 이런 사상이 드물게 관찰되고 또한 비난을 받는다 하더라도 반복적으로 제시되는 이런 혐오는 엄연히 존재하는 것으로 남고, 사회 구성원은 혐오가 가리키는 '그 사람들'이 게으르고, 더럽고, 돈을 밝히고, 정직하지 못하며, 속을 알 수 없다고 계속 듣게 된다. 이 사상을 아무리 '거절'한다 해도, "우리가 '그 사람들' 중 한 명의 옆에 앉았을 때에 그 더러운 메시지, 성적인 메시지는 촉발된다". 사람들은 그것을 억누르고, 틀렸다고 거부하지만, 그것은 우리 옆에 있는 사람에 대한 지각과 반응을 방해하면서 거기 존재하게 된다고 마쓰다는 말한다(Matsuda 1993).

무엇보다도 혐오는 피해자가 스스로에 대해 혼란을 갖고, 부인을 행하도록 만든다. 혐오발언의 대상자들은 내적인 혼란과 싸

운다. 대표적으로 나타나는 무의식적 반응은 피해자 집단으로서의 자기 정체성을 부인하는 것이다. 아프리카계 미국인의 경험을 묘사하는 저자들이 언급한 예에서 관찰되듯, 피해자가 자신의 인종으로부터 거리를 두면서 스스로를 분리시키는 방식으로 자기 인종에 가해지는 혐오를 극복하고자 하는 것이다. 더욱 심각하게 보아야 할 것은, 혐오가 피해자로 하여금 어떤 메시지를 **수용**하도록 만든다는 사실이다. 혐오발언이 누군가가 열등하다는 메시지를 생산해낼 때, 이 발언의 대상이 되는 이들에게 있어 "열등성의 메시지에 대한 분노에 찬 거부는 그 메시지에 대한 수용과 결합된다". 피해자들은 지배 집단 성원이 자신에게 호의를 보일 경우 안도하게 되는데, 이는 혐오 메시지가 피해자로 하여금 자신들이 온당한 대우를 받을 만하다는 사실을 의심하게 만들기 때문이다. 피해자 자신에게 내면화되는 이러한 혐오 양상은 피해자가 그것을 자각했을 때 그를 수치스럽고 의기소침하게 만든다(Matsuda 1993).

"여자가 조신해야지", "더치페이를 해야 개념녀다", "남자 말에 고분고분해야지 여자가 말대답하면 안 된다"와 같은 여성 혐오의 메시지도 마찬가지다. 어디서나 들을 수 있는 이런 혐오발언들은 여성이 그런 성 역할을 받아들이도록 만들고, 이에 대해 이의를 제기하는 것을 금지시킨다. 정말로 남자들의 말을 그저 따르도록, 이견을 제시하지 않도록 스스로 맞춰가게 되는 것이다. 찰스 로런스 3세는 이러한 현상을 '억압'으로 설명했다. "덜 명확하지만 마찬가지로 중요한 것은 만연해 있는 인종차별과 성폭력 및 종속된 집단의 개인 구성원에 대한 억압의 효과다. 이들은 어린 시

절부터 분노와 화를 억누르고 위장하는 생존 기술을 배워야 한다 (Lawrence 1993)." 혐오발언이 피해자의 내면과 정신 상태에 영향을 미치는 방식에 주목한 리처드 델가도의 논문 「상처를 주는 말 Words That Wound: A Tort Action」에 따르면, "청자는 인종차별적인 욕설에 포함된 메시지를 학습하게 되고 내면화할 뿐 아니라, 이러한 메시지는 또한 우리 사회의 제도에 영향을 미치며 다음 세대에 전달된다"(Delgado 1993). 혐오의 말은 그 자체로 그것을 듣는 이와 말하는 이의 정신 그리고 사회에 심대한 영향을 미치는 것이다.

델가도는 혐오발언에 의해 '게으르고, 무지하며, 더럽고, 미개하다'는 비난을 받는 소수자들이 이것을 '믿게 된다'는 점에 주목했다. 이러한 부정적 이미지의 축적은 그것의 옳고 그름, 그것에 동의하고 하지 않고의 여부와 상관없이 피해자를 "심각하고 파괴적인 선택"으로 이끈다. 즉 혐오라는 '문화'의 체계적 요구에 부응이라도 하듯 스스로를 혐오하거나, "자아를 전혀 갖지 않는 것, 아무것도 되지 않는 것"을 선택하도록 만든다. 이런 유형의 언어적 학대가 낳는 심리적 영향은 다양한 방식으로 묘사되어왔다. 심리학자 케네스 클라크는 일상에서 타인으로부터 존엄과 예의를 경험하지 못하는, 따라서 스스로 존중받지 못한다는 것을 알게 되는 인간 존재는 반드시 스스로의 가치를 의심하게 된다는 관찰 결과를 보고한다(Delgado 1993).

인종차별주의의 효과를 연구한 사회과학자들은 인종에 근거해 어떤 개인에 대한 멸시를 전달하는 발화는 그것이 그에게 귀속시키는 '열등성'의 특징을 피해자에게서 만들어내는 경향이 있다는 것을 발견했다. (…) 나아가 보다 객관적인 형태의 차별—낮은 학벌, 천한 직업, 열악한 주거—의 부재 속에서조차 흑인을 비롯한 소수자의 낮은 능력에 대한 전통적인 편견과 무관심은 '말이 씨가 되는 예언'으로 작동할 수 있다.[1]

델가도는 지속된 혐오가 특히 어린아이의 정신에 영향을 심대하게 끼쳐서, 표적이 된 아이들이 메시지의 내용대로 스스로를 열등하다고 생각하게 된다고 설명한다. 인종적 소수자에 해당하는 아이들은 끊임없는 인종차별적 메시지 속에서 스스로의 능력, 지능, 가치에 의문을 갖게 된다는 것이다. 사회적으로 권력을 지닌 다수가 그렇지 못한 소수에 해당하는 아이와 그의 부모를 부정적으로 정의하게 되면, 아이가 그 판단을 받아들이지 않기는 대단히 어렵다(Delgado 1993). 이렇듯 혐오발언은 사실이 아닌 것을 사실인 것처럼 만드는 효과를 수반한다.

여성혐오발언이 여성에게 '코르셋'이라는 굴레를 입혀온 메커니즘은 지금까지 살펴본 인종차별적 발언의 경우와 같다. 언어가 사람들의 믿음, 욕망, 감정에 영향을 끼치는 이 메커니즘은 언어철학, 특히 화용론을 통해 좀 더 깊이 설명될 수 있다. 레이 랭턴은 피해자가 혐오발언에 내재한 메시지를 받아들이게 되는 이런 수용 현상이 개인의 믿음이나 사회적 공통 전제를 넘어서, 욕망과 증오를 포함하는 기타 태도의 수용으로까지 확장될 수 있다고 말

1   Delgado 1993: 94-95

한다(Langton 2012).

혐오발언은 어떻게 코르셋이 되는가

"권리만 찾는 이기적인 김치년!" 이와 같은 표현은 무엇 때문에, 무슨 목적에서 사용되는가? 레이 랭턴은 사람들이 말을 하는 것은 다른 사람들로 하여금 그들이 이전에 몰랐던 것을 알게 하기 위해서라고 한다. 이때 말은 누군가에게 무언가 정보를 제공해주기 위한 것이다. 그러나 그것이 말의 목적의 전부는 아니다. 말의 실천에 참여하는 데는 다른 이유들이 존재한다.

> 지식의 획득이 말의 주요한 원인일 수는 있다. 그러나 지구에 도착한 에일리언은 그의 관찰을 통해 말의 주된 원인이 돈을 얻기 위해서라고 결론 내릴지도 모른다. 보다 일반적으로, 많은 양의 말은 사람들이 이전에 몰랐던 것을 알게 하도록 겨냥되는 것이 아니라, 그들이 이전에 원하지 않았던 것을 원하게 하도록, 그들이 이전에 느끼지 않았던 것을 느끼게 하도록 겨냥된다.[2]

그렇다. 말은 새로운 정보를 주는 것뿐 아니라 상대방에게 새로운 욕망을 불러일으키고, 새로운 감정을 갖게 하기 위해 사용

---

2   Langton 2012: 86

되기도 한다. "명품만 밝히는 된장녀", "여자도 군대 가라", "여자
는 남자 기를 살려줘야 한다" 따위의 언어는 여성의 인식론적인 믿
음, 심리적인 욕망, 감정에 영향을 끼쳐서 명품을 기피하게 만들고,
남자의 기를 살려주도록 행위하게 만들며, 징병제에 찬성하도록 만
들고, 명품 가방을 들거나 파스타를 좋아하거나 군인에게 감사함을
느끼지 못하는 여성을 여성끼리도 서로 비난하도록 만들어왔다.

지금부터 살펴볼 페미니스트 언어분석철학자 레이 랭턴의
논의는 여성혐오적인 담론이 그간 여성이 어떤 식으로 코르셋을 입
고, 나아가 스스로를 더욱 졸라매야 했는지를 잘 보여준다. 언어에
불과한, 동의하지도 않는 혐오발언이 스스로를 졸라매는 코르셋이
된다는 데 의아함을 느끼는 독자도 있을 것이다. 그러나 누군가가
총을 겨눈 채 "이 옷을 입지 않으면 죽일 것이다"라고 명령한다면,
우리는 그의 말로 인해 옷을 입어야 한다. 즉 언어적 강요가 실제로
위협이 된다면, 이는 실질적인 억압의 효과를 가져온다.

레이 랭턴은 논문 「믿음을 넘어서: 포르노그래피와 혐오발
언에서의 화용론Beyond Belief: Pragmatics in Hate Speech and Pornography」에서 혐
오발언이 어떻게 청자의 믿음, 욕망, 감정을 선동하고 변화시키는
지를 추적한다. 그는 철학자 로버트 스탈네이커와 데이비드 루이스
의 이론을 경유해 어떤 언어 행위는 청자의 믿음, 욕망, 감정과 같은
인식론적, 심리적 태도를 변화시키고, 그 결과 청자는 그 메시지를
수용하게 됨을 분명하게 보여준다. 이를테면 "의무는 이행 안 하고
권리만 찾는 김치녀", "명품 백 밝히고 외제 차 밝히는 된장녀"라는
언어 행위는 여성 스스로가 자신이 김치녀가 아님을 입증하도록 경

쟁하게 만들었고, 스타벅스나 샤넬 백 같은 된장녀의 상징이 된 기호를 기피하게 만들었으며, 자신이 파스타보다 우동을 좋아하고 에코백을 들고 다니며 철저한 더치페이를 위해 데이트 통장을 개설하는 '개념녀'임을 증명하려 애쓰도록 만들었다. 이때 여성은 혐오에 침묵할 뿐 아니라, 그 혐오에 찬동한다. 이렇게 여성혐오는 여성이 스스로 입고 끊임없이 졸라매는 코르셋이 된다.

상품 광고가 해당 제품을 구매하게끔 사람들을 선동하는 것과 마찬가지로, '김치녀'를 향한 혐오는 여성의 어떤 특성들을 혐오하도록 부추기고 홍보한다. 혐오발언은 청자의 태도에 영향을 미치며 결국 청자로 하여금 특정한 사상을 믿게 한다고 랭턴은 설명한다. 혐오발언의 효과는 개인의 믿음을 비롯한 기타 모든 태도에 영향을 끼치며, 점차 이들은 표적 집단의 구성원을 혐오하고 이들을 회피하게 된다는 것이다. 랭턴은 혐오발언의 가장 첫 번째 기능이 '선동'이라고 말한다. "요즘 시대엔 남자가 약자"라는 말, 여성 가족부를 향한 무차별적 비난 같은 것이 대표적이다. 유대인에 대한 부정적인 이미지를 선동한 결과, 르완다 내전에서 50만 명이 넘는 투치 족을 학살케 한 것, 간토대지진 때 조선인이 우물에 독을 탔다는 유언비어 등은 혐오발언이 갖는 선동의 효과를 극명하게 보여준다. 이렇게 "혐오발언은 증오를 선동한다". 제2차 세계대전 당시 신문 기사에서 반유대주의를 선동하기 위해 쓰인 혐오발언의 사례를 살펴보자.

사례1. 독버섯, 1938.

타이틀 이야기. 삽화는 숲에서 버섯을 따는 엄마와 어린 아들을 그리고 있다. 제목은 다음과 같다. "종종 독버섯과 식용 버섯을 구분하는 것이 어려운 것과 마찬가지로, 쉰들러로서의 유대인과 범죄자를 구분하는 것은 종종 매우 어렵다."

한스와 엘스가 낯선 남자를 만난 이야기. 커다랗고 기분 나쁜 매부리코를 가진 인물이 작은 금발 아이들에게 사탕을 나눠준다. "이리오렴 애들아. 너희한테 줄 사탕이 조금 있단다. 그러나 너희 둘 다 아저씨를 따라와야 한다……"

인지 씨의 유대인 의사 방문 이야기. 의사는 젊은 독일인 여성을 문틈으로 음흉하게 쳐다보았다. "두 범죄자의 눈이 안경 뒤로 깜박였으며, 두꺼운 입술은 씩 웃고 있었다."[3]

이는 2차대전 당시 독일의 신문 기사로, 유대인을 범죄자, 아동 납치범, 성범죄자로 묘사하고 있다. 이 기사들은 명백히 유대인에 대한 증오를 선동한다. 이러한 혐오는 증오를 촉진시키며, 옹호한다(Langton 2012). 랭턴에 따르면 혐오발언과 포르노그래피는 "폭력, 차별, 혐오를 포함하는 태도와 행위에서의 변화를 만들어내는 발화효과행위로 작동할 수 있다"(Langton 1998). 이런 선동의 결과, 혐오발언의 청자는 그전까지 가지지 않았던 믿음, 욕망, 감

---

3   Langton 2012: 74-75

정을 갖게 된다. 유대인 혐오를 증폭시키기 위해 독일인을 선동하는 이 기사 속 이야기들은 허구로 제시된 것이지만, 세계에 대해 어떤 것을 말하며 전제한다. '유대인은 아이들을 납치한다'라는 사실 주장 명제, '유대인을 혐오하는 것은 올바르다'는 규범 명제, '훌륭한 독일인이라면 유대인을 혐오한다'는 사실 및 규범 명제 등이다 (Langton 2012). 이것이 성공적으로 청자에게 전달된다면, 유대인에 대한 청자의 인식은 변하게 된다.

"김치년은 책임은 안 지고 권리만 부르짖으며 남자에게 기생한다"라는 혐오발언을 살펴보자. 여기에는 '김치녀 같은 이기적인 여성이 존재한다'라는 사실 주장 명제, '김치녀를 혐오하는 것은 올바르다'라는 규범 명제 등이 숨겨져 있다. 이런 선동은 가해 집단(예컨대 다른 남성)뿐 아니라 피해 집단(여성)에게도 영향을 미친다. 여성 청자가 이러한 전제를 받아들이게 되면서 믿음 체계가 변경되어 '이기적인 김치녀가 존재한다', '김치녀를 혐오하는 것은 올바르다', '훌륭한 여성은 김치녀를 혐오한다'라는 믿음을 갖게 된다는 것이다. 이렇듯 말은 믿음과 규범을 직접적으로 바꾸는 힘을 갖고 있다고 랭턴은 강조한다.

인지 호소

"김치녀가 존재한다는 것을 믿어라"

- 전공 책 한 권 무겁다고 오빠 부르던 네가 오겠다고?
- 지루했던 남친은 군대로
- 영화용 친구, 식사용 오빠, 수다용 동생, 음주용 오빠! 어장관리? 아니, 메시 급 멀티플레이!

이 광고 문구들은 앞서 살펴본 나치의 유대인 혐오 선동과 마찬가지로 김치녀를 향한 혐오를 직접적으로 선동한다. 남자가 명품 백을 선물하고 있는 이미지와 함께 "단 하나의 토탈 솔루션, 남친을 사귄다"라는 문구를 내건 광고 또한 마찬가지다. 이 광고들은 모두 여성에 대한 어떤 사실과 규범(여성은 이기적으로 책임을 전가한다, 그들은 남성을 이용한다, 그들을 혐오하는 것은 올바르다)을 화자와 청자 사이에 공통된 전제로 가정하면서 특정한 믿음을 선동한다. 그 결과 사람들(여성 청자도 포함된다!)은 여성에 대해 그전까지 갖지 않았던 사실과 규범을 믿게 된다. 여성이 비싼 외제 차를 보고 차를 가진 남성에게 다리를 벌려준다는 의미의 "보픈카" 같은 신조어의 사용과 확산도 마찬가지다. '외제 차를 밝히는 사치스러운 여성이 존재한다', '돈을 보고 성관계를 하는 여성이 존재한다'는 (근시안적 귀납의 오류 혹은 망상에 기반한) 사실 명제를 전제하며, '이들을 회피하거나 증오하는 것은 올바르다'라는 규범 명제를 전제하고 선동한다. 랭턴은 청자에게 특정한 믿음을 갖게 하는 이러한 선동을 **인지 호소**cognitive appeal라고 일컫는다.

> 가장 직접적인 것은 인지적 호소일 것이다. (⋯) '유대인이 종종 아이를 납치한다는 것을 믿어라!' '유대인을 혐오하는 것은 올바르다고 믿어라!' '훌륭한 독일인은 유대인을 혐오한다는 것을 믿어라!' '훌륭한 독일인이라면 유대인을 기피한다는 것을 믿어라!' 화자는 종종 마치 청자가 이런 태도를 이미 가지고 있다는 듯이 이 같은 호소를 행한다. 화자는 청자가 이미 그런 믿음-세계에 있다는 것을 당연시함으로써 누군가를 자신의 믿음-세계로 초대한다. (⋯) 심리학적인 수용이 그 태도적 호소의 결과 도출된다. 청자는 유대인이 종종 아이를 납치한다고, 유대인을 혐오하는 것은 올바르다고, 훌륭한 독일인은 유대인을 기피한다고 믿게 된다.[4]

여성혐오도 마찬가지다. 여성혐오의 어떤 논리는 여성가족부나 김치녀에 대한 망상에 기반하여 '김치녀'라는 집단이 존재한다고 전제하며 이들에 대한 특정 규범을 선동한다. '김치녀가 남자들의 권리를 빼앗고 있다는 것을 믿어라!' '개념녀라면 김치녀를 욕하는 게 올바르다는 것을 믿어라!' 이렇게 해서 여성혐오 가해자 집단은 선동을 통해 여성을 자신만의 믿음-세계로 초대한다. 이런 여성혐오의 믿음-세계에 초대받은 여성은 김치녀라는 것이 실재

---

4   같은 글, 88

한다고 믿게 되며, 그들을 향한 비난이 올바르다는 것 또한 믿게 된다. 여성혐오발언으로 인해 이전에 없던 믿음이 발생하게 되는 것이다. 그런데, 선동되는 것은 믿음만이 아니다.

욕망 호소

"개념녀가 되기를 욕망하라"

미디어에서 끊임없이 재생산되는 '좋은 여성'(현모양처, 개념녀, 고무신 등)과 '나쁜 여성'(김치녀, 된장녀, 페미나치) 이미지의 이분법적인 재현 방식과 선동으로 인해 여성은 여성 집단 내에 '여자 망신 다 시키는' 이기적인 여성(김치녀)이 존재한다고 믿게 되고, 그들은 '개념이 없기' 때문에 그들에 대한 비난은 올바르다는 것을 믿게 된다. 그리고 그 반대를 행하는 것이 훌륭한 '개념녀'의 덕목이라고까지 믿게 된 이들은, 나아가 개념녀를 **욕망하게** 된다.

"개념녀라면 남자에게 더치페이를 해줘야 한다", "남자의 연봉이나 차를 중요하게 생각하는 여자는 김치녀다"라는 발화를 보자. 이 발화는 청자에게 어떤 욕망의 변화를 호소하고 있다. 즉 남자의 소득 수준을 고려하지 말 것, 남자와 만날 때는 꼭 돈을 절반 낼 것. 이 발화에는 돈이 없어도 여성과 데이트를 하고 싶은 남성이 돈 없는 남자와 사귀는 여성상을 '개념녀'로 제시해 여성의 욕망을 조정하려는 의도가 들어 있다. 그들의 발화는 청자로 하여금 '개념녀'가 되기를 욕망하도록 선동한다. 랭턴은 이런 선동을 **욕망 호소**conative appeal라고 일컫는다. 욕망 호소는 제시된 어떤 사회적 기준에 청자의 욕망을 맞추라고 외친다.

이런 욕망 호소를 받아들인 결과, 청자는 화자의 발화 속에 전제되어 있는 사실이나 규범을 욕망하게 된다. "돈 없는 남자 기 살려주는 개념 여친" 같은 발화에 선동된 여성이 데이트 비용을 계산할 때 자기 신용카드를 남성에게 쥐여주면서 그것이 '자기가 좋아서 하는 일'이라고 생각하게 된다는 것이다. 누군가가 "부츠는 섹시하다"라고 말한다고 가정하자. 이 발화의 결과 청자가 '부츠의 섹시함'을 어떤 전제로서 받아들이게 되면 그들 사이의 공통 전제는 변화하게 된다. 다시 말해 화자가 부츠의 섹시함을 화자와 청자 사이의 추상적인 공통 전제로 가정하면서 반복적으로 발화하는 경우, 청자는 부츠가 섹시하다는 것을 믿게 될 뿐 아니라 그 변경된 믿음의 결과로 부츠를 욕망하게 된다.

> 믿음을 변경시키는 것에 더해서, 포르노그래피와 혐오발언은 소비자(청자)의 욕망을 명백하게 변화시킨다. (…) 반
> 反유대주의의 선동을 소비하는 사람들은 유대인에 대한 어떤 것을 단지 믿게 되는 데 그치지 않는다. 선동은 그들의 욕망 또한 변화시키며, 그들은 유대인을 피하고, 그들을 파괴하기를 욕망하게 된다. 소비자는 다양한 기술적 혹은 규범적인 명제들을 믿게 되기만 하는 것이 아니다. 그들은 또한 이전과 다른 어떤 것을 원하게 된다.[5]

5   같은 글, 85

랭턴은 욕망의 여러 원천 가운데 말speech이 두말할 나위 없이 중요한 원천이라고 말한다. "화자는 (…) 청자를 자신의 욕망−세계로 초대한다(Langton 2012)." 스스로를 꾸미는 데 돈을 쓰면 김치녀, 남성을 위해 돈을 쓰면 개념녀라는 선동에 의해 청자가 개념녀가 되기를 욕망하고, 우동, 에코백, 현모양처를 욕망하게 되는 것이다. 앞에서 나온 유대인 혐오 기사로 잠시 되돌아가보자.

> 그전에 납치범을 피하기를 욕망했던 청자에게 유대인이 납치범이라는 뉴스는 유대인을 피하도록 욕망하게 된 근거로서 제공될 수 있다. '훌륭한 독일인'이 되기를 원하는 청자에게 훌륭한 독일인이 유대인을 피한다는 뉴스는 마찬가지로 유대인을 기피하도록 욕망하게 되는 근거로서 제공될 수 있다.[6]

이처럼, 말은 청자가 이전에 바라지 않았던 것을 바라게끔 만들기 위해 사용되기도 하며 이러한 말은 '선동'으로서 기능한다. 그 언어적인 덫에 걸린 결과 일부 여성은 '김치녀'의 특성들로부터 스스로를 분리하면서 '자신은 김치녀가 아님'을 끊임없이 증명하게 되고, '개념녀'를 욕망하게 된다. 말은 이런 식으로, 우리의 욕망과 감성에 호소한다. 우리는 현란한 상품광고를 통해 이를 가장 일상적으로 확인하게 된다. 광고의 시청자는 화려하고 세련된 소비자라면 이 상품을 사야 한다는 광고의 숨겨진 전제로 인해 그 상품을 욕망하게 된다. 광고는 청자가 광고 이전에 무엇을 욕망했는지와

6 같은 곳.

관계없이 '어떤 것을 사고 싶은 욕망을 갖도록' 청자를 겨냥한다. 광고의 선전선동은 그 상품에 대한 욕망을 불러일으킨다. 마찬가지로 여성혐오의 교묘한 수행성[7]은 여성으로 하여금 '개념녀'가 되고자 하는 욕망을 불러일으킨다. 그 결과 여성은 '나쁜 여성'인 김치녀의 존재를 믿게 되고, '좋은 여성'인 개념녀를 욕망하는 것이다. 그런데 선동의 효과는 개념녀를 향한 욕망에 그치지 않는다. 일부 청자는 여성혐오발언으로 인해 김치녀나 페미니스트들을 직접적으로 '혐오'하게 된다.

정서 호소

"김치녀를 혐오하라"

"나는 스타벅스 같은 데 안 가고 샤넬 가방도 없어. 여자인 내가 봐도 그렇게 사치스러운 여자들 별로야." "난 페미니스트 아니야. 페미니스트들은 너무 극단적이야." 이 같은 발언은 김치녀 또는 페미니스트라는 여성상과 스스로 거리를 두면서 자신이 '개념녀'임을 증명하려는 의도를 담고 있다. 이들은 자신이 여성혐오발언의 표적이 되는 '김치녀'가 아님을 증명하기 위해 적극적으로 '김치녀'를 혐오한다. 랭턴에 따르면, 화자는 청자를 어떤 공유된 믿음—세계 속으로 들어오도록 초대할 뿐 아니라, 또한 어떤 공유된 욕망—세계, 그리고 공유된 혐오—세계로 초대한다. 이런 혐오—세계에 초대

---

[7]   수행성이란 단지 의사소통뿐 아니라 행위하거나 행위를 완성시키거나 혹은 어떤 정체성을 구성하거나 수행하는 언어와 의사소통 능력을 가리킨다.

받은 결과 "청자는 이전과 다르게 믿게 될 뿐 아니라, 이전과는 다르게 느끼게 된다." 이런 혐오발언의 감정 선동 효과를 랭턴은 **정서호소**emotional appeal라고 일컫는다. "인지 호소와 욕망 호소에 더해서, 추상적 점수는 어떤 정서 호소를 적용할 수 있다. '이 점수에 맞는 감정을 가져라!'(Langton 2012)"

　　유대인을 납치범과 동일시한 뉴스가 납치범을 혐오하던 청자에게 유대인 혐오의 근거가 되듯, 어떤 여성이 '연봉 6000 이상이 이상형'이라고 말했다는 뉴스는 '돈만 따지는 김치녀'를 비판하던 남녀 모두가 여성을 혐오하게 되는 근거가 된다. 혐오발언이 청자로 하여금 어떤 것을 믿게 하고, 그것을 욕망하게 하면, 청자는 나아가 자신이 믿게 되고 욕망하게 된 바에 따라 최초의 화자가 혐오하던 것을 혐오하게 된다. 김치녀와 페미니스트를 향한 비방과 선동이 청자에게 김치녀 혹은 페미니스트에 대한 회피와 혐오의 감정을 직접적으로 발생시키는 것이다.

> 화자가 어떤 믿음을 전제한 후에 청자의 믿음이 발생하기 시작하는 것과 마찬가지로, 화자가 청자의 욕망을 전제한 후에는 청자의 욕망 또한 발생하게 된다. 그리고 화자가 어떤 혐오를 전제한 후에는 청자의 혐오 역시 발생하게 된다.[8]

　　따라서 여성혐오는 여성을 침묵시키고 여성에게 상처를 주는 것뿐만이 아니다. '나쁜 여성'들의 존재와 그들에 대한 부정적

8　　같은 글, 86

인 믿음을 만들어내고, '좋은 여성'이 될 것을 욕망하게 만들며, 나아가 여성끼리 서로를 비난하고 혐오하게 만든다. '나쁜 유대인'에 대한 혐오와 기피, '훌륭한 독일인'에 대한 선망과 욕망처럼, 여성 혐오발언은 '나쁜 페미니스트', '나쁜 김치녀', '나쁜 된장녀'와 '좋은 현모양처', '좋은 개념녀', '착한 여신' 등의 이분법을 재생산하여 여성에게 코르셋을 입힌다. 랭턴을 통해서 우리는 여성혐오의 언어가 어떻게 청자인 여성의 믿음, 태도, 욕망, 감정을 변경시키는지를 살펴보았다. 쉽게 말하자면 여성혐오발언이 일부 여성을 세뇌(코르셋)시켜왔던 것이다. 혐오발언은 발화내행위적인 방식과 발화효과행위적인 방식 모두로 증오를 '촉진'시킨다. 혐오발언은 증오를 옹호하고 증오를 야기한다(Langton 2012).

지금까지 다룬 분석들을 종합하면 그동안 많은 여성이 여성혐오에 대응하지 않았던, 아니 대응하지 못했던 까닭이 설명된다. 여성은 여성혐오에 의해 상당한 상처를 경험하지만, 혐오에 대응하는 것이 두렵거나, 상황을 더 악화시키거나, 부질없다고 느끼거나, 더 나아가서는 애초에 대응할 수 있는 권력이 부재했기 때문에, 여성의 언어가 뒤틀리고 묵살당하고 왜곡당하기 때문에, 또한 경고하고 항의해봤자 돌아오는 것은 협박, 조롱, 신상털이, 마녀사냥뿐이었기 때문에 침묵한다. 다른 한편으로 여성혐오적 감언이설과 선동의 결과 여성이 이런 혐오를 내면화하여 아예 여성혐오자들의 믿음, 감정과 욕망을 공유해버렸기 때문에, 여성이 여성을 김치녀라고 손가락질하고, 페미니스트들을 비난하는 데 동참하게 되었기 때문에, 여성혐오에 대응할 수 없었다. 남성의 혐오발언은 여성을 이렇듯 다양한 방식으로 침묵시켰고, 반대로 여성의 발언은 남성에게 들리지 않고 좌절당하며 설득에 이르지 못했던 것이다.

그런데 이 지긋지긋한 혐오와 침묵의 악순환 속에서, 무언가 사뭇 다른 일이 발생했다. 혐오에 침묵당하거나 선동되기를 거부한 이들이 등장한 것이다. 그들은 스스로를 '메갈리안'이라고 지칭했다. 이 일은 어떻게 일어났을까?

3장

메갈리안,
그들은
누구인가?

메갈리안, 그들은 누구인가? 그리고 그들의 발화 방식인 미러링이란 무엇인가? 지금까지 설명했듯이 여성혐오의 누적된 폭력성으로 인해 많은 여성의 인내심은 한계에 도달했다. 닐슨의 연구에서도 보았듯이, 여성혐오발언의 수신자들이 '지금까지 가만히 있다가 갑자기' 대응에 나선 듯 보이는 것은 이들이 혐오에 의해 침묵당해왔기 때문, 혹은 권력의 차이로 인해 이들의 대응이 받아들여지지 않았기 때문이다. 많은 여성이 이미 여성혐오의 메시지에 반발했으며, 실제로 혐오발언에 반박하고 화자를 일깨우는 목소리를 내오기도 했다. 단지 그들의 목소리는 수많은 어려움에 부딪혔고, 제대로 들리지 않았을 뿐이다. 여성혐오에 맞서려는 의지는 항상 존재했다.

이런 중에 메갈리안이 등장했다. 다시 인사이드 메르스 갤러리에서 시작해 '메갈리아'라는 독립 사이트로 거점을 세우고 스스로 '메갈리안'이라 칭한 이들의 목소리는, 여성혐오로 인해 벼랑 끝에 몰린 여성들의 절규에 가까운 것이었다. 그들은 만연한 여성혐오에 침묵하거나 외면하는 기존의 방식을 택하지 않았다. 그들의 목소리는 여성들이 지겹도록 받아온 여성혐오발언을 그대로 되돌려주는 방식으로 터져 나왔다. 그들은 이런 방식을 '미러링mirroring'이라 칭했다. 그리고 사회와 미디어에 점철된 여성혐오 속에서 인내의 한계에 도달해 있던 많은 여성은 이들 메갈리안과 미러링에 열렬하고 폭발적인 환호를 보냈다.

여성혐오와 침묵의 악순환 속에서 메갈리아가 탄생할 수 있었던 배경은 무엇일까? 그들은 어떻게 침묵을 깨고 되받아쳐서 말할 수 있게 된 걸까? 랭턴의 논의가 맞는다면, 남성들의 여성혐오는 여성을 침묵시키지 않는가? 여성의 항의나 경고는 소용없는 것이 아니었는가? 아니, 여성은 원래 침묵당하는 존재가 아닌가? 메갈리안은 과연 누구이며, 미러링의 힘은 어디에서 나온 걸까?

이 장에서는 메갈리아라는 새로운 주체의 독특한 발화 방식으로 주목받은 '미러링'이라는 언어 행위 구조의 본질을 주디스 버틀러의 "반란적인 발화"(Butler 1997) 개념을 통해 살펴보고자 한다. 주디스 버틀러는 『격분시키는 말Excitable Speech: A Politics of the Performative』(1997)에서 마쓰다, 매키넌, 랭턴 등의 발화내행위론에 반론을 제기하며 '발화효과행위론'을 제시했다. 혐오발언은 여성을 침묵시키고 열등한 지위로 못 박아두며 "수신자의 복부를 강타하고 얼굴에 따귀를 때린다"고 믿는 랭턴과는 달리, 버틀러는 혐오발언의 호명은 저항을 위한 새로운 가능성을 열어놓을 수 있다고 보았다. 호명되는 것은 주체로 하여금 그들이 불리게 된 그 호명에 응답하여 이의를 제기하는 것을 가능하게 하며, 그들의 종속적인 지위를 확고히 하도록 역사적으로 작동했던 낙인들을 잠재적으로 되찾게 할 수 있다는 것이다. 그전에 잠깐 화자의 권력에 대해 버틀러와 대립되는 랭턴의 논의를 다시 살펴보겠다.

여성은 말할 수 있는가?

랭턴은 혐오발언 화자의 권위가 권력의 목소리처럼 기능한다고 말했다. 예컨대 혐오의 발화자들(예를 들어 백인 남성)은 인종과 성의 사회적 권력 관계에 있어서 권위적으로 말하도록 정당화된다. 랭턴에 따르면 언어는 오직 그것을 실행할 수 있는 (이미) 사회적 권력의 위치에 있는 자들에 의해 발화될 때에만 효과적이다. 다시 말해 화자가 이미 권위를 가진 경우에만 언어의 권력을 실행할 수 있다는 것이다. 이는 언어 행위, 특히 발화내행위의 성공 여부가 발언자의 '권위'에 달려 있다는 견해를 바탕으로 한다. 랭턴은 따라서 언어 행위를 수행할 수 있는 능력이 어떤 정치적 권력과 권위의 척도가 될 수 있으며 반대로 권력을 가졌다면 수행할 수 있었을 언어 행위를 수행할 능력이 없다는 것이 그에게 권력이 없음을 나타내는 하나의 징표라고 말했다(Langton 1993). 그는 언어와 권력의 관계를 다음과 같이 설명한다.

> 말과 권력의 관계는 광범위하고 벅찬 주제지만, 우리는 이론적인 심해에 들어가지 않고 다음과 같이 단순한 관찰로 시작할 수 있다. 즉 어떤 종류의 언어 행위를 수행할 수 있는 능력은 정치적 권력의 표지일 수 있다.[1]

예를 들자면 이렇다. 심판이 테니스 경기에서 '폴트'를 외칠 때, 그는 그의 견해를 표현한다. 그는 그가 본 대로 세계를 기술

---

[1]   Langton 1993: 298

하는 것이다. 그러나 그는 실제로 그 이상의 것을 행한다. 즉 그는 판정을 제공한다. 관중도 '폴트'라고 말한다. 그 역시 자신의 견해를 표현하며, 그가 본 대로 세계를 기술한다. 관중이 말한 것은 심판이 말한 것과 바로 동일한 내용이다. 즉 이들은 동일한 발화행위 locutionary act를 수행한다. 그러나 관중의 발언은 점수에 차이를 만들어내지 못하는 반면, 심판은 차이를 만들어낸다. 후임병은 고참에게 "가서 화장실 청소 좀 해라"라고 말할 수 없다. 고참은 반대로 그렇게 명령할 수 있다. 마찬가지로, 파울을 외칠 수 있는 것은 관중이 아니라 심판이다. 법률을 제정할 수 있는 것은 시민 개인이 아니라 정부다.

동성애자, 장애인, 여성은 남성, 이성애자, 비장애인에게 혐오발언을 행할 수 없다. 혐오발언의 화자는 권력을 가진 자이고, 혐오발언의 수신 집단은 권력이 없는 자들이다. 백인, 남성, 이성애자, 비장애인은 주로 혐오발언의 가해자이고, 흑인, 여성, 동성애자는 주로 피해자다. 따라서 "화자의 권위적인 역할은 그 역할을 차지하지 못한 누군가가 행했다면 부재했을 어떤 힘을 그 발언에 주입"하며, "발화내행위적인 힘은 화자의 권위에 따라" 달라진다. 또한 "종속시키는 말은 권위적인 언어 행위"다. 따라서 우리가 어떤 종류의 언어 행위를 종속시키는 말이라고 간주했다면, 그 언어의 화자는 권위를 가지고 있다고 볼 수 있다. 금지하기의 발화내행위력으로 "흑인은 투표하는 것이 허용되지 않는다"라는 말을 사용할 수 있는 자는, 권위를 가진 자라고 볼 수 있는 것이다.

남성은 여성에게 "여자는 조신한 게 미덕"이라거나 "걸레", "꽃뱀", "창녀"라는 발화를 사용할 수 있었지만, 여성은 남성에게 반대로 그렇게 말할 수 없었다. 남성은 여성에게 "여자는 나이 스물다섯이 넘으면 꺾인다"라는 발화를 수행할 수 있었지만, 여성은 남성에게 똑같이 발화할 수 없었다. 남성은 여성에게 "남자의 성욕은 본능이라 어쩔 수 없다", "여자는 회사의 꽃 같은 존재"라는 말을 지껄일 수 있었지만, 여성은 남성에게 그렇게 말할 수 없었다. 그런 관습이나 권력이 존재하지 않았기 때문이다. 이때 남성과 여성이 갖는 언어 권력의 비대칭은 주인과 노예에 비유될 수 있다. 주인은 노예에게 명령하고 충고하며, 노예의 행위를 허용할지 말지를 결정한다. 하지만 노예는 주인의 허용을 승인하거나 거절할 수 없다는 것이다. 노예는 주인에게 명령할 수 없고, 다만 애원할 수 있다. 노예에 의한 명령이나 금지의 시도는 항상 부적절할 것이다. 노예의 발화를 침묵시키는 무언가가 존재하기 때문이다.

페미니스트 철학자 캐럴라인 웨스트 역시 매키넌에서 랭턴으로 이어지는, 여성에겐 말할 수 있는 권력이 없다는 이런 견해를 비슷하게 되풀이한다. "권력을 가지고 있으며 존중받는 사회 구성원은 더 많은 것을 행하고, 더 많이 말하며, 자신들의 말을 권력을 가지지 못한 자에 비해 더욱 중요한 것으로 만든다." 누군가가 다른 이로 하여금 자신의 말에 주목하도록 만들 수 있다면, 이는 그가 사회적 권력을 차지하고 있기 때문이며 이는 다시금 그의 권력을 구성하고 유지하도록 해준다. 이미 권위를 지니고 있기에 그의 말은 다른 이에게 영향력을 가지며, 이 말이 그들을 둘러싼 사회·정치 환경을 형성한다. 반대로 자신의 말이 대개 묵살당하는 경험을 한다면, 그는 "다른 이의 믿음과 태도에 영향력을 끼치도록, 그리고 이를 통해 그들을 둘러싼 사회에 영향을 주도록 발화를 사용할 수 없다"(West 2012).

이렇듯 발화가 실패하느냐 성공하느냐는 화자의 사회적 권력과 전적으로 관련이 있다. 언어 행위의 주체는 상당히 고정된 방식으로 사회적 권력의 지도 위에 배치되며, 발화 주체가 사회적 지위에 의해 그 발화를 작동시킬 수 있는 권위를 이미 갖고 있는지의 여부에 따라 이 언어 행위는 작동하거나 작동하지 않는다. 정당한 권력을 부여받은 자는 언어를 행위하게 만든다. 정당한 권력을 부여받지 못한 자는 동일한 공식을 읊조릴 수는 있지만, 효과를 생산하지 못한다. 전자는 적법하지만, 후자는 **사기꾼**이다.

여성은 말할 수 있다

그러나 과연 그럴까? 여성과 남성의 언어 권력의 비대칭은 주인과 노예의 언어에 비견될 수 있는가? 버틀러는 혐오발화자 혹은 혐오발언의 권력을 절대 권력인 양 간주하는 이런 견해를 거부한다. 버틀러에 따르면 혐오발언이나 혐오발화자는, (그렇지 못함에도 불구하고) 자신의 언어가 "빛이 있으라"는 말 한마디로 세계를 창조한 신의 권위, 왕의 전지전능한 힘을 가진 것처럼 위장하고 있는 데 불과하다. 대부분의 화자는 그 같은 신성한 권력을 지니고 있지 않다. 남성 개별 화자가 여성 개별 화자에 비해 발화의 권력을 좀 더 보유하고 있는 것은 사실이지만, 이는 그 개별 화자에 권력을 부여해준 여성 차별적이거나 여성혐오적인 관습이 존재하고 있기 때문이다. 혐오발언의 화자는 일종의 파생된 권력을 나누어 부여받은 것에 지나지 않는다. 예를 들어 일베를 떠올려보자. 그들이 혐오발언을 행하도록 허용하고 승인한 권력은 일베 개인에게서 비롯된 것이 아니다. 성차별주의, 지역차별, 국가주의와 같은, 개별 화자보다 역사적으로 더 긴 시간성을 가지고 지속되어온 더 거대한 권력이 이를 승인해주고 권위를 부여한 것이다. 따라서 벤저민 바에즈는 발화자가 사회 제도의 권력을 부여받을 수 있다고 할 때, 화자와 그에게 부여된 권력 간에는 간극이 있다고 보았다. "언어의 권력은 반드시 개별적 화자에 의해 행해지는 것이 아니라, 언어에 권력을 부여하는 관습을 확립시키는 과정에서 발견된다"는 것이다. 그는 일개 화자의 권력은 그리 대단한 것이 아니라고 보았다(Baez 2002).

무엇보다도 화자에게 권위를 부여해준 그 관습 역시 고정된 것이 아니다. 화자 혹은 어떤 언어에 권력을 부여해주는 사회적 맥락은 영원하지 않다. 따라서 사회적 관습과 권력 관계가 늘 역동적으로 변화하고 있는 것이 맞는다면, 청자의 대응을 통해 화자의 언어적 권력은 언제든 쇠약해지거나 심지어 박탈될 수 있다. 버틀러는 혐오발언이라는 언어 행위는 그다지 효과적이지 못하다고 보았고, 때문에 "혁신과 전복을 당하기 좀 더 쉬운 것이 아닐까?"라는 물음을 던진다. 그는 말한다. "그러한 말은 정말로 상처를 주지만, 그럼에도 불구하고 데릭 벨도 언급했듯이, '인종차별적인 구조는 취약하다'(Butler 1997)."

> 만일 동일한 발언이 되받아쳐 말하기^{speaking back}와 그것을 통해 말하기^{speaking through}의 계기가 되면서 그 말을 건네받은 자가 차지하여 그 뜻이 변하게 된다면, 인종차별적인 언어는 어느 정도는 자신의 인종차별적 기원으로부터 이탈되지 않을까?[2]

언어 행위를 그저 기존 권력 관계가 투영된 반영물로 간주하는 견해는 언어를 매우 고정적이고 보수적인 것으로 사유하는 결과가 될 뿐이다. 따라서 버틀러는 "언어 행위가 그것이 이미 권위를 부여받은 정도까지 권위를 행사한다는 논증은, 그러한 행위에 권위를 부여하는 맥락이 이미 제자리에 있으며, 언어 행위는 그것이 권위를 부여받거나 부여받지 않은 맥락을 변화시키도록 작동하지 못한다고 주장하는 것"이라 말하면서, 반란적인 언어 행위를 설명하기 위해서는 언어가 "사회적 지위에 의해 미리 기능적으로 보장되는 정적이고 폐쇄된 체계가 아니라는 것을 인식해야 한다"고 주장한다(Butler 1997).

언어는 기존의 권력으로부터 이미 정당성을 부여받은 화자만이 행할 수 있는 것은 아니다. 언어 행위는 과거의 맥락으로부터 단절하는 것이 가능하며, 권위가 없던 화자는 마치 그 권위를 가지고 있었다는 듯이, 과거의 권력을 가진 발언을 도용하고 기생하여 "반란적인 언어 행위", "반란적인 발화"를 행할 수 있다. 더군다

---

2   Butler 1997: 93

나 이런 반란적인 발화가 새로운 정당성을 획득하고 많은 이의 지지를 받는 경우, 권력 관계를 뒤흔들어 기존에 없던 사회적 권력을 획득할 수도 있다. 따라서 버틀러에 의하면 진정한 권위와 가짜 권위는 절대적으로 확실하게 구별되지 않는다.

> 그러나 사기꾼과 진정한 권위를 구별하는 확실한 방법이 있는가? 그리고 발화가 둘 사이의 모호함을 강요하는 순간, 거기에서 발화가 기존의 정당성의 근거에 의문을 제기하는 순간, 발화가 발화 그 자체의 결과로서 정당성의 측면에서 어떤 변화를 수행적으로 낳는 순간은 있는가?[3]

이로써 버틀러는 발화자의 권력이나 언어적 관습의 권력이 영원하다거나, 여성이 침묵할 수밖에 없는 존재라는 주장을 거부한다. 원본이라고 알려져 있는 여성혐오발언에 대한 도용과 사칭인 복사본은 원본의 권위와 권력에 기생하면서 권력을 획득할 수 있다. 말할 수 있는 권력을 갖지 못한 자도 기존 관습을 탈환하여 교란하고 새로운 정당성을 낳는 방식으로 발화할 수 있는 것이다. 혐오발화자나 혐오발언에는 영원하고도 신성한 언어적인 권력이 숨겨져 있지 않다. 청자는 전복적인 방식으로 화자의 언어 권력을 언제든 빼앗아 올 수 있다. 버틀러는 이러한 타자의 언어적인 권력을 빼앗아 오는 것을 "타자에 대한 방해와 재정향의 권력"(Butler 1997)이라고 일컫는다.

언어 행위는 사회적 변화를 야기하고 기존 권력 관계를 재

<hr>

3   Butler 1997: 146-147

편하는 방향으로 이루어질 수 있다. 언어 행위는 과거의 관습과 단절하여 예측불가능한 무수한 효과를 낳는 방식으로도 사용될 수 있기 때문이다. "말의 힘과 의미는 과거의 맥락이나 '지위position'에 의해 전적으로 결정되지 않는다. 오히려 말은 자신이 수행하는 맥락과의 단절로 인해 자신의 힘을 획득한다. 그 같은 과거의 맥락이나 일상적인 용법과의 단절은, 수행문의 정치적인 작동에 핵심적이다 (Butler 1997)."

> 틀리거나 잘못된 적용을 재반복reiterations으로 이해함으로써, 우리는 사회 제도 형태가 어떻게 변화와 수정을 겪는가, 그리고 미래 형태의 가능성을 부수어 열면서 과거의 정당성이 없는 적용이 어떻게 현존하는 형태의 정당성에 도전하는 효과를 가질 수 있는가를 알게 된다.[4]

메갈리안이 행하는 미러링 스피치는 과거 여성을 향해 사용되었던 여성혐오적 발화의 주어를 남성으로 바꾸어 전혀 다른 맥락을 만들어냈다. 이들은 "남자는 집에서 조신하게 살림이나 해야된다", "남자가 공부해서 뭐하냐, 잘생긴 게 최고지", "역시 술은 남자가 따라줘야 제맛이다"라고 발화한다. 이러한 미러링은 권위를 가지지 못했던 여성이 그동안 금기시되었던 "말해질 수 없는 것을 말하는 것", "과거의 권위가 없는 말을 하는 것"(Butler 1997)으로서, 남성 화자의 권력을 사칭 혹은 도용함으로써 언어적인 권력을 찬탈하는 방식이다. 여성이 만일 "잘생긴 남자 따먹고 싶다"거

---

4   같은 곳.

나 "외제 차 밝히는 된장남" 같은 발화를 행할 경우, 그런 금기어들은 기존의 언어적인 관습에 교란을 발생시킨다. 관습에서 벗어난 방식으로 관습적인 공식을 재맥락화, 탈맥락화하기 때문이다. 버틀러는 이런 반란적인 발화의 사례로 흑인 전용 좌석에 앉기를 거부했던 흑인 여성 로자 파크스를 제시한다.

> 로자 파크스가 버스의 앞쪽 좌석에 앉았을 때, 그는 그렇게 행할 수 있는 과거의 권리를 갖지 못했다. 남부의 인종 분리적인 관습이 이를 보장하지 않았기 때문이다. 그럼에도 과거에 갖지 못했던 그 권리를 요구함으로써 그는 그 행위에 어떤 권위를 부여했으며, 기존의 확립된 정당성 규범을 전복시키는 반란적인 과정을 시작했다.[5]

로자 파크스는 1955년 12월 1일 앨라배마 몽고메리에서 버스를 탔다. 이날 백인 전용 좌석이 꽉 차자 버스 운전기사 제임스 F. 블레이크는 로자 파크스에게 그가 앉은 유색인종 전용 좌석을 백인 승객에게 양보하고 뒤로 가서 앉으라고 명령했다. 파크스는 이를 거부했고, 그러자 운전기사는 "일 크게 만들지 말고 자리를 내놓으라"고 말했다. 이때 파크스는 앉은 자리를 비우고 재지정된 유색인종 전용 좌석으로 이동하지 않고 창가 쪽 자리로 옮겨 앉았다. 파크스는 후에 이때의 상황을 회고하며 다음과 같이 말했다. "나는 에밋 틸[6]을 생각했고 그러자 다시 돌아갈 수가 없었다." 왜 일어서지 않느냐고 다그치는 버스 기사를 향해 파크스는 대답했다. "나는

---

5   같은 곳.
6   아프리카계 미국인 소년. 14살 때 백인 여성과 교제했다는 소문이 돈 뒤 살해당했다.

내가 일어나야 한다고 생각하지 않아요." 이후 파크스의 저항 행위와 몽고메리의 버스 보이콧은 현대 시민권운동의 중요한 상징이 되었다. 그녀는 인종 분리정책에 저항하는 국제적 아이콘이 되었다.

이런 파크스의 "반란적인 발화"는 과거에 권위를 가지던 발화가 아니었다. 그러나 파크스가 행한 이 "말할 수 있는 권위를 부여받지 않고서도 권위를 가지고 말하기"는 이후 정당성을 획득하여 시민운동을 촉발했다. 이러한 파크스의 사례는 언어적인 권력 찬탈의 본질을 드러내준다. 메갈리안의 미러링도 마찬가지다. 기존의 여성은 감히 남성의 성기나 외모, 성격을 입에 올릴 수 없었다. 그러나 메갈리안은 그럴 수 있는 권위를 요구함으로써, "기존의 확립된 정당성 규범을 전복시키는 반란적인 과정을 시작"한 것이다. 버틀러는 이를 "지배적인 것, 즉 전복적인 재의미작용의 어떤 잠재적인 장소에 해당되는 '권위를 부여받은' 담론에 대한 탈도용가능성", "수행문의 부당한 사용" 등으로 일컫는다(Butler 1997).

이렇게 미러링은 '말할 수 있는 권위를 부여받지 않고서도 권위를 가지고 말하기', '수행문의 부당한 사용'(버틀러), '관습에서 벗어나서 행위하기'(바에즈)의 일종으로서, 여성혐오발언이 지녔던 힘을 상당 부분 파괴했다. 벤저민 바에즈에 따르면 "모든 억압적인 언어 행위는 반란적인 대항 발화, 즉 '권위' 없이 행해진 언어 행위에 취약하다". 혐오발언, 예컨대 인종차별적인 욕설은 그것이 사회적 지배 관습에 의지하는 한에서 작동하는데, 반란적 저항은 "그 욕설을 탈환하고 그것을 '권위' 없이 사용함으로써" 기존의 혐오발언이 기대던 관습을 빼앗을 수 있기 때문이다. 언어 행위에 있어서

사기꾼과 진정한 화자는 구분되지 않는다. 어차피 모든 언어의 주인이란 있을 수 없으며, 혐오발언 역시 누군가의 전유물이 아니다. 화자는 언제든 언어를 빼앗길 수 있다. 이러한 바에즈의 주장은 미러링의 핵심, 즉 여성혐오발언을 탈환하여 그것을 '권위' 없이 사용하는 방식과 직결된다. 바에즈는 이러한 반란적 행위의 사례로 원래는 '창피한 주체'를 호명하던 '퀴어'라는 욕설을 든다. "'퀴어'는 이제 원래의 모욕적 부름에 맞서는 호명의 기회를 갖게 되었다. 그와 같은 '반란적 행위', 혹은 사회적인 '권위의 인가'가 없는 행위는 창피한 대화에 대한 적절한 대응을 제공한다(Baez 2002)."

　　　"남자는 사흘에 한 번씩 패야 한다", "여자의 성욕은 남자의 식욕과 같다", "군대 가기 싫었으면 안 돼요, 싫어요 했어야지. 즐긴 거 아냐?"와 같은 메갈리아의 미러링은 바에즈의 표현에 따르면 기생적인 방식으로 언어의 힘에 대응하는, 관습에서 벗어난 행위다. 미러링을 통해 여성들은 기존 남성들의 여성혐오적 발언, 예컨대 "여자는 감정적이고 논리가 딸린다", "못생긴 오크 돼지 같은 년", "줘도 안 먹게 생긴 게"와 같은 말에 "뭐라고? 네 자지가 작아서 안 들려~" "왜 이렇게 예민해? 혹시 몽정했어?" "네 다음 한남충"이라고 대응한다. 이는 기존 관습에 기댄 혐오발언의 화자가 목표했던 의도를 좌절시킴으로써 화자의 허를 찌르는 방식으로 "예측불가능"하게 언어의 힘에 대응하는 것이다. 역설적이게도 랭턴이 설명했던 침묵(발화내행위적 불능, 발화효과행위적 좌절)을 이제는 기존의 혐오발화자가 경험하게 되는 것이다.

수신자는 예측불가능하거나 '기생적인' 방식으로 언어의 힘에 대응할 수 있다. 만일 혐오발언의 발화내행위력이 관습적 행위라는 것을 암시한다면, 그와 같은 말에 대한 대응은 관습에서 벗어나서 행위하는 것이다. 예를 들어 누군가는 침묵당하거나 수치를 받기를 거부할 수 있다.[7]

반란적인 발화

침묵을 깨고 반격하기

미러링이라는 메갈리아의 독특한 발화 방식은 많은 이로 하여금 행동을 촉구하기도 했다. 몰래 카메라 근절운동, 강남역 살인 사건 추모 열풍, 여성혐오적 랩 음악 가사와 미디어의 재현에 대한 문제 제기, 정치인과 연예인의 여성혐오발언에 대한 공론화 등, 메갈리아의 미러링은 언어를 넘어서서 언어 바깥의 사회적인 효과를 생산하면서 "사회적인 권력을 작동"시켰고 "자신이 출현한 맥락을 교란"(Butler 1997)함으로써 일정 부분 사회적인 권위와 권력을 획득하게 되었다. 미러링은 엄청난 반향을 일으키며 여성들 사이에서 일파만파로 퍼져나가 온라인 가상공간을 통해 영향력을 확장했고 수많은 메갈리안을 탄생시켰다. 여성혐오발언이 여성에게 언어를 넘어서는 폭넓은 부정적 효과를 야기했었듯이, 이들의 미러링 또한 여성들에게 언어를 넘어서는 긍정적 변화를 가져온 것이다.

7   Baez 2002: 57

메갈리아의 미러링이 낳은 놀라운 반향과 호응이 입증해 주듯이, 원본을 참칭하고 도용하는 방식의 "말할 수 있는 권위를 부여받지 않고서도 권위를 가지고 말하기"인 "수행문의 부당한 사용은 과거의 권위에 대한 의지가 없음에도 권위의 효과를 낳는 데 성공"할 수 있다. 미러링이라는 발화 방식은 기존의 권위를 지니지 못한 언어 행위가 "그럼에도 불구하고 언어 행위의 수행 과정에서 권위를 떠맡는 순간"을 보여준다. 버틀러는 역사적으로 축적된 결과에 저항하기 위해 기존의 규범을 도용하는 이와 같은 순간이 곧 "역사에 대한 반란의 순간, 과거와의 단절을 통해 미래를 기초 짓는 순간"이라고 주장한다(Butler 1997).

메갈리아의 미러링은 말할 수 있는 권위나 자격이 없는 자, 즉 '그렇게 말해서는 안 되었던' 여성이 효과나 실효성이 거의 없어 보이는 발화를 수행했을 때, 그 발화가 막대한 사회적 정당성과 공감대를 획득함으로써 "권위를 가진 말하기"가 되어버린 순간을 보여준다. 권위 없이 말해진 기존 혐오발언의 도용, 기생이 어느새 권위를 획득하게 된 것이다. 여성에게 말할 수 없는 것이었던 발화는, "발화 불가능한 것을 말하기가 생산하는 관습의 위기, 즉 검열된 발언이 '공식적 담론'에 출현하여 그 수행문을 예측 불가능한 미래로 개방할 때 그것이 갖는 반란적인 '힘'"으로 변모했다(Butler 1997). 이처럼 메갈리아의 미러링은 기존 관습에서 '감히 말할 수 없었던' 여성도 기존의 권력을 도용하고 여기에 기생해 마침내 전복시킴으로써 발화할 수 있다는 것을 보여주는, 하나의 언어 권력의 찬탈·회수 방식이다.

이러한 맥락에서 메갈리아의 미러링이 많은 여성으로부터 그토록 열렬하고 즉각적인 호응을 불러일으킨 것은 이상하지 않다. "남자는 집에 가서 애나 봐라"와 같은 미러링 발언은 과거에 여성의 영역을 가사노동과 육아에 국한하고자 비하적으로 행해졌던 "여자는 집에 가서 애나 봐라"라는 여성혐오발언, 즉 미러링의 '원본'이 얼마나 정당성이 없는 것이었는지, 얼마나 여성 배제적인 것이었는지를 폭로해 보여주었다. "남자는 사흘에 한 번씩 패야 한다", "왜 이렇게 예민해? 몽정했어?"라고 말한 순간, 여성에 대한 폭력을 정당화하고 여성의 생리전증후군^{PMS}에 대한 망상과 편견을 휘두르며 여성을 예민한 존재로 치부하던 원본 발언이 얼마나 미개하고 저열한 폭력이었는지가 드러났다. 메갈리아 미러링은 미러링 발언의 원본이 된 여성혐오적 발언을 늘상 들어왔던 여성들에게 막대한 공감대를 형성해주었다. 버틀러의 표현에 따르면 "기존의 정당성 근거에 의문을 제기하는 순간들", "지배적인 형태의 권위와 그것이 진행하는 배제를 폭로하는 기회"가 된 것이다. 미러링은 여성들이 침묵 속에 견뎌온 과거의 폭력을 기록하고 전시하는 데 성공했다.

과거의 언어 행위에 '기생'하는 방식은 혐오발언의 효과를 교란하며 다른 사회적 효과를 '증식'시켰으며, 여성을 격분시켰던^{excitable} 많은 혐오발언은 도용되고 기생당해 탈인용가능한$^{ex-citable}$ 것이 되었다. 메갈리아는 혐오발언을 재수행하고 재의미화함으로써 많은 여성혐오발언이 기존에 지녔던 힘을 파괴했다. 여성혐오자의 언어 권력을 맥락으로부터 끄집어내 다른 맥락으로 빼앗아 올 수 있다는 것은, 여성혐오적인 용어들이 누군가의 소유가 아니라는 사실을 보여준다. 오히려 미러링을 통해 "그 용어들은 자신들이 전혀 의도하지 않았던 삶과 목적을 떠맡는다". 사본이 갖는 힘, 그 원동력은 재미있게도 모두 원본인 여성혐오발언의 힘에서 기인한다. 미러링 발언에 힘을 실어준 것은 원본이 지녔던 힘인 것이다. 버틀러가 "저항과 반항의 용어는 자신들이 반대하는 권력에 의해 정치적 담론 내에서 부분적으로 생산된다"고 말한 것도 이런 맥락에서 이해할 수 있다. 상처를 주는 말은 그 언어가 과거에 작동하던 영토를 파괴하고 재사용하는 가운데 저항의 도구가 된다고 버틀러는 말한다. 메갈리안은 미러링을 통해 여성혐오발언을 탈환하여 언어적인 권력을 빼앗고, 그것을 여성혐오에 대한 "저항의 도구"로 만든 것이다(Butler 1997).

4장

메갈리아는
일베와 똑같은
혐오 집단인가?

이제, 메갈리아에 대한 흔하고도 꾸준한 비난, "메갈은 여자 일베"라는 주장에 대해 이야기해보자. 메갈리아가 등장한 뒤 많은 이가 이들을 "일베와 다를 것 없는 혐오 집단"이라 일축했다. "된장녀", "김치녀", "맘충"과 같은 여성혐오발언이 잘못된 것처럼 "씹치남", "한남충"과 같은 표현도 마찬가지의 혐오발언이라는 것이었다. 이 말처럼 '씹치남' '한남충' 같은 혐오발언은 똑같이 잘못일까? 미러링의 의의를 인정한다 하더라도, 이제 메갈리안은 원본 없이도 남성 혐오를 직접적으로 행하고 있지 않은가? 메갈리아를 비판하고 반론을 제기하는 논증은 여러 가지의 형태가 있지만, 그중 "메갈리아의 혐오는 일베의 혐오처럼 그저 똑같은 혐오일 뿐이다", "혐오에 혐오로 대응하는 것은 옳지 않다"는 비판은 대표적이다. 이 장에서는 이런 물음을 다루고자 한다.

메갈리아의 미러링과 일베식 여성혐오발언의 차이점을 본격적으로 살펴보기 전에 먼저 논리학자 고틀로프 프레게가 말한 언어의 **사용**use과 **언급**mention의 구분을 알아둘 필요가 있다. 언어의 사용은 예를 들어 여성에게 "김치녀!"라고 직접적으로 '사용'한 경우에 해당한다. 그리고 이에 대해 청자가 "'김치녀'라는 말은 여성혐오발언입니다"라고 지적해주는 것은 그 언어에 대한 '언급'에 해당한다. 이 언급은 기호를 직접 지시하는 것으로, '사용'과는 용법이 전혀 다르다. 이 장은 이 구분을 기초로 크게 두 측면으로 나누어서 논의를 진행한다. 먼저 원본이 명확히 있는, 과거의 여성혐오발언에 대한 '언급'인 경우, 즉 '여혐혐(여성혐오에 대한 혐오)'인 경우에 대해서 살펴보려 한다. 그다음으로 원본이 없는 직접적인 혐오의

'사용'인 경우, 즉 '남혐(남성 혐오)'인 경우에 대해서 논해보겠다.

미러링은 혐오발언인가?

일베의 혐오발언과 메갈리아의 혐오발언에 대한 미러링에는 근본적인 차이가 존재한다. 메갈리안이 하고 있는 미러링 스피치는 혐오발언의 '사용'이라기보다는 과거의 혐오발언에 대한 '언급'에 해당한다는 점이다. 메갈리아의 미러링은 혐오발언을 사용하지만 이미 존재하는 여성혐오발언을 언급해 보여주고 전시하는 방식에 해당한다. 미러링 스피치에는 주디스 버틀러가 말한 "언어적인 전시"(Butler 1997)의 측면이 존재한다. 혐오발언을 언급해 전시하는 측면이 존재하는 한, 메갈리안의 혐오발언 '언급'을 일베를 비롯한 남성들이 사용하는 여성혐오발언의 직접적인 '사용'과 혼동하는 것은 '사용과 언급을 혼동하는 오류'에 해당한다. 예를 들면 "김치년은 여성혐오발언입니다"라고 지적한 이에게 "당신도 지금 김치년이라고 욕했잖아요"라고 하는 격인 것이다. 어휘가 좀 달라진다고 해도 마찬가지다. "좆린이 따먹고 싶다"라는 메갈리아의 미러링에 "로린이[1] 따먹고 싶다"는 원본 혐오발언에 대한 언급의 측면이 존재함을 부인할 수는 없다. 따라서 메갈과 일베가 똑같다는 주장은 메갈리아의 미러링이 지닌 언급의 성격을 무시하고 있다. 버틀러는 『격분시키는 말』에서 고틀로프 프레게의 논의를 인용하여 혐

---

1   '로리타'와 '어린이'의 합성어로 어린 여자아이를 성적으로 대상화해 이르는 말.

오발언에 대한 '미학적인 재연'은 혐오발언에 대한 '언급'과 '진열'의 성격을 가지고 있다고 설명한다.

> 상처를 주는 말의 미학적인 재연은 그 말을 **사용**[use]함과 동시에 **언급**[mention]하는 것일지도 모른다. 다시 말해 어떤 효과를 낳고자 상처를 주는 말을 활용할 뿐 아니라 그런 사용을 동시에 언급하는 것일 수 있다. 그런 말이 인용이라는 주의를 환기시킴으로써, 그런 사용을 인용적인 유산 내에 위치시킴으로써, 그런 사용을 당연시된 일상 언어의 작동이 아닌 성찰되어야 할 명시적인 담론적 항목으로 만듦으로써 말이다. 아니, 미학적인 재연은 그런 말을 **사용**하기는 하지만, 또한 그것을 **진열**[display]하며, 지적하고, 어떤 일종의 효과를 낳기 위해 활용되는 언어의 자의적인 실례로서 개괄하는 것일 수 있다.[2]

미러링은 원본 혐오발언을 사고하고 독해해야 할 텍스트적인 대상으로 만든다. "그 용어가 스스로의 관습적인 힘과 의미에 대한 인식과의 관계에 우리를 또한 연루시키는 순간에조차" 그러하다고 버틀러는 말한다. 미러링은 원본 혐오발언을 거울에 비추어 이를 "성찰되어야 할 명시적인 담론적 항목", "사고되어야 하고 독해되어야 하는 텍스트의 대상"으로서 보여준다(Butler 1997). 이런 여성혐오발언이 당연하게 받아들여질 것이 아니라는 사실을 폭로하면서 말이다. 예컨대 남성이 성폭력 피해자인 기사에 달린 댓글

2   Butler 1997: 99

에 "그렇게 남자가 조신하지 못하게 짧은 옷 입지 말았어야지", "남자도 즐긴 거 아니냐. 피해자라는 걸 어떻게 믿냐"라고 미러링 댓글을 다는 것은, 과거 여성이 숱하게 들어왔던 같은 표현이 얼마나 폭력적인 2차 가해인지를 거울로 비추어 "성찰되어야 할 담론적 항목"으로 전시하는 일이다. 비록 피해자 남성에게 또 다른 2차 가해일 수는 있지만 말이다.

메갈리아의 미러링, 혹은 버틀러의 여러 표현을 빌려 쓰자면 "모욕적인 발화에 대항할 수 있는 언어적인 권력의 사용", "모욕적인 발화 재수행하기와 재의미화하기", "상처를 주는 말에 대한 공격적인 재전유", "호명적인 수행문에 대한 부당전유"는 여성혐오를 언급하고 진열하는 "언어적인 전시"라는 점에서, 오로지 '사용'의 기능만이 존재하는 남성의 여성혐오와 존재론적으로 전혀 다르다. 미러링은 여성혐오발언을 거울에 비추어 이것이 당연시될 수 있는 일상 언어의 작동이 아니며, 성찰되어야 할 문제임을 진열·지적·개괄한다. 이러한 '여혐혐'을 '남혐'과 같다고 간주하는 것, 혹은 미러링이라는 사본을 원본 혐오발언과 같다고 주장하는 것은, '사용과 언급을 구분하고 있지 못한 것'에 해당된다.

메갈리아의 미러링은 그간 여성에게 자행되어왔던 원본의 모욕적인 발화 관습을 노출시키고, 이 정당성의 근거에 의문을 제기한다. 이는 원본 혐오발언을 가능케 한 "지배적인 형태의 권위와 그것이 진행하는 배제를 폭로"하는 어떤 미학적인 재연의 무대다. 재연을 통해 원본이 얼마나 끔찍하고 정당성이 없으며 저열한지를 폭로해 성찰 대상으로 만드는 언어적 전시에 해당하는 것이다. 따라서 메갈리아의 미러링에 이런 여성혐오에 대한 역지사지와 전시의 측면이 존재하는 한, '여성혐오'와 '여성혐오에 대한 혐오'는 기능과 역할, 의도 등의 층위에서 전혀 다른 것이다. 명확히 말해, "여자들이 짧은 옷 입고 돌아다니는 건 강간해달라고 하는 거다"라는 천박한 원본 혐오발언과 달리 "남자들이 짧은 옷 입고 돌아다니는 건 강간해달라고 하는 거다"라는 미러링에는 어떤 미학과 윤리적인 순간이 존재하는 것이다. 그렇지 않은가?

남성 혐오는 성립하는가?

그런데 누군가는 "미러링은 이제 핑계일 뿐, 이미 메갈리아는 원본을 떠나서 남성 혐오발언을 쏟아낸다는 점에서 일베와 똑같다"고 비판한다. 이때 메갈리아에 향해지는 또 다른 비판은 "메갈리아는 남성 혐오적이다"라는 것이다. 물론 메갈리아에서는 남성 혐오발언이 행해진다. 이때 미러링은 직접적으로 여성혐오자(주로 남성)를 향해 혐오발언을 '사용'하기도 한다. 그렇다면 이는 남성을 향한 직접적인 혐오발언이며, 메갈리아는 결국 남성 혐오 집단이 아닌가?

이 질문을 다루기에 앞서 마리 J. 마쓰다의 혐오발언[hate speech]에 대한 정의를 살펴보자. 그에 따르면 혐오발언은 다음 세 가지 식별 기준을 충족하는 발언이다.

1. 메시지가 열등성inferiority에 대한 것이다.

2. 메시지가 역사적으로 억압된 집단을 향하고 있다.

3. 메시지가 박해적이고 증오로 가득 차 있으며 비하적이다.[3]

여기서 명확한 것은 우선 혐오발언이 '사회적 약자에 대한 편견을 담은 발언'을 의미한다는 점이다. 인용된 정의의 둘째 줄은 특히 권력, 종속과 연결된다. 마쓰다에 따르면 혐오발언은 이런 "역사적인 수직 관계를 강화하는 종속의 메커니즘이기 때문에 특히 해롭다". 그가 명확히 했듯이 혐오발언은 역사적으로 억압된 집단에게 행해지는 것이다. 분석철학자 제니퍼 혼스비 역시 혐오발언에 대해 비슷한 정의를 내린다. 혐오발언은 사회적 약자를 모욕하고 낙인찍는 말로, 그들의 성, 인종, 장애, 성적 지향 등을 들어 모욕하고자 직접적으로 경멸을 표하는 언어다. 그는 혐오발언의 범주에 해당하는 언어의 충분조건을 다음과 같이 제시한다.

1. 혐오발언은 개인이나 소수의 개인을 상대로 그들의 성, 인종, 피부색, 장애, 성적 지향 등을 모욕하거나 낙인찍기 위해 의도된다.

2. 혐오발언은 그것으로 모욕하고자 하는 개인에게 직접적으로 행해진다.

3. 혐오발언은 보통, 직접적이고 강렬한 증오나 경멸을 전달한다고 인식되는 낱말을 활용한다.[4]

3   Matsuda 1993: 36
4   Hornsby 2003: 1

남성 혐오가 지양되어야 하는 것은 맞다. 그런데 설사 남성 혐오가 있다 하더라도 그것이 여성혐오와 같다고 기계적으로 간주하는 것은 젠더 권력의 비대칭으로 인해 여성혐오와 남성 혐오가 그 강도와 범위 면에서 비교할 수 없다는 사실을 은폐한다. 이런 비판은 현재의 사회적 맥락에서 여성혐오와 남성 혐오가 동일한 층위가 될 수 없다는 사실을 도외시하고 있다. 혼스비에 따르면, 여성과 남성, 백인과 흑인, 동성애자와 이성애자는 비대칭적 권력 관계에 놓여 있다. 때문에 여성이 남성에게, 흑인이 백인에게, 동성애자가 이성애자에게 욕설을 행하는 것은 강도와 양에 있어서 한계가 존재하며 대개는 가능하지 않다. 물론 약자가 강자에 대해 사용하는 경멸적인 용어를 갖는 것이나, 사회적 약자 집단이 자신 집단에게 사용되는 용어를 전유하는 것은 가능하다. 그러나 이것이 가능한 것은 오로지 이상적인 상황에서뿐이며, 보통 강자에 대한 혐오발언은 성립하지 않는다고 그는 지적한다.

보통 경멸을 전달한다고 인식되는 흑인에 대한 용어들이 존재하지만, 백인에 대한 용어는 없다. 물론 흑인 집단이 백인에 대한 경멸적인 용어를 가지는 것은 가능하다. 그리고 흑인이 경멸적인 용어를 전유하여 이로써 그에 대한 이해를 변화시키는 것도 가능하다. 내가 상황의 비대칭에 대해 행하는 주장은 오로지 특정 시기의 용어에 대한 보통의 이해에 대한 것이다. (그리고 혐오발언에 대한 정의는 그런 이해를 참조한다.) (…) 누군가가 여기서 알게 되는 비대

칭성은 우연이 아니다. 백인이 아니라 흑인을 향한 경멸로
보통 인식되는 용어가 존재하는 것과 마찬가지로, 비대칭
성은 여성 대 남성, 동성애자 대 이성애자, 비국민 대 국민
에게도 마찬가지다. 이 모든 경우 두 번째 집단의 구성원이
첫 번째 집단의 구성원을 비방하는 것을 가능하게 하는 용
어가 존재하지만, 그 역은 아니다. 그리고 이 모든 경우 욕
설에 종속된 자들은 이미 정치적인 조건과 차별적인 관습
에서 패배하는 진영에 있는 자들이다. (…) 만일 내가 당신
을 모욕하기 위해 사용할 수 있는 낱말은 존재하지만 당신
이 나를 모욕하기 위해 사용할 수 있는 낱말이 없다면, 직
접적인 의미에서, 말대꾸 같은 것은 불가능하다.[5]

남성이 활용할 수 있는 혐오발언은 무궁무진하지만, 여성
이 전유하거나 사용할 수 있는 발화에는 한계가 존재한다. 메갈리
아에서 사용하는 대부분의 용어는 기존에 존재하지 않던 것을 인위
적으로 만든 말들이라는 점이 이를 입증한다. 동성애자가 이성애자
에게 행할 수 있는 혐오발언 또한 마찬가지다. 혼스비의 논의를 따
른다면, 애초에 여성혐오와 남성 혐오는 동등하려야 동등해질 수
없는 것이다. 그리고 "이 모든 경우 욕설에 종속된 자들은 이미 정
치적인 조건과 차별적인 관습에서 패배하는 진영에 있는 자들"이
다. 혼스비의 주장대로 만일 여성이 정치적인 조건과 차별적인 관
습에서 이미 패배하는 진영이라고 한다면, 여성의 남성 혐오발언이
라는 것이 성립이나 할 수 있겠는가? 그 발언이 남성을 차별하거나

5   같은 글, 6

억압하겠는가? 이러한 맥락에서 '남성 혐오발언'이란 얼토당토않은 것이다. 물론 이런 사실이 여성혐오발언에 대한 저항이 불가능하다는 것을 의미한다고 보지는 않는다. 다만 혐오발언과 미러링이라는 카운터 스피치의 근본적 차이를 짚어두고자 한다.

그런데 여혐과 남혐을 동등하게 비교할 수 없다는 혼스비의 논의를 받아들인다 하더라도, 누군가는 이렇게 반론할지 모른다. "그래, 여성혐오가 남성 혐오보다 압도적으로 많다 치자. 그래도 많건 적건 간에 남성 혐오 역시 어쨌거나 타인을 혐오하는 것이며, 남성이라는 지정 젠더에 기반해서 남성 집단을 일반화해 혐오 표현을 일삼는데 이것이 윤리적으로 옳다고 할 수 있는가?"라고 말이다. 흑인이든 백인이든 누군가가 특정 인종이라는 것만으로 그를 혐오해서는 안 되는 것과 마찬가지다. 그 말대로, 어쨌거나 타인을 향한 혐오를 발화하는 것은 옳지 않으니 여성혐오든 남성 혐오든 해서는 안 되는 것이 아닐까?

그러나 주지했듯이 메갈리아의 발화는 여성혐오에 질식된 여성들이 벼랑끝에서 내지르는 단말마의 비명 같은 것이다. 스스로를 보호하기 위해 행한 자구책, 고육지책이다. 인종차별발언을 연구한 마리 J. 마쓰다는 이러한 소수자의 다수자를 향한 혐오발언을 '분노에 찬 시'로 봐야 한다고 당부한다. 종속된 집단의 구성원이 역사적으로 지배적인 집단의 구성원에게 행한 증오감의 표현, 혐오, 분노는 사회적 약자를 향한 혐오발언과 달리, "지배 집단을 향한 구조적 지배를 실행하지 않기" 때문이다.

말콤 X의 "백인 악마"라는 진술—그가 나중에 철회한—은 하나의 예시다. 누군가는 인종에 대한 모든 공격은 해로운 것이라고 주장하면서, 이것이 문제적이라고 여길 것이다. 백인 악마의 경우에 해로움과 상처는 있지만, 그것은 정도가 다른 것이다. 그 같은 공격은 인종차별적인 수직적 관계에 대한 영속화에 얽매여 있지 않기 때문에, 증오 선동의 사례가 아니다. (…) 인간성에 대한 재취급과 재확인은 역사적으로 예속되지 않은 집단의 구성원에게 좀 더 쉽게 획득된다. 비록 백인-혐오적인 독립운동가의 표현이 정치적으로 그리고 동시에 개인적으로 지탄받을 만하더라도, 나는 분노, 즉 역사적으로 예속된 집단으로부터의 한 개인에 의한 분노의 시를 피해자의 인종주의에 대응하는 자기 정체성과의 투쟁이라고 해석하고자 한다. 그것은 또 다른 집단에 대한 구조적 지배에 얽매여 있지 않다.[6]

종속되지 않은 지배집단인 남성은 혐오발언의 부정적인 효과를 완화시킬 수 있는 제도적인 완충장치의 가용성에 있어서 훨씬 유리한 위치를 차지하고 있다. 따라서 메갈리아의 미러링에 설령 남성 혐오적인 측면이 존재한다 하더라도, 그것은 일종의 분노와 투쟁 속에서 나온 서사의 하나로 볼 수 있다. 그리고 무엇보다 중요한 것은, 마리 마쓰다가 지적했듯이 혐오발언의 주된 타깃이 "역사적으로 억압된 집단"이며, 이런 혐오의 주된 피해자인 여성은 주로 "패배하는 진영"이라는 점이다. "역사적으로 예속되지 않은 집

6   Matsuda 1993: 38-39

단"인 남성은 현재 사회적 맥락에서 이 패배 진영이 아니며, 남성은 혐오발언으로 인해 예속된 지위로 재종속되지 않는다. 따라서 남성 혐오발언에도 "해로움과 상처는 있지만, 그것은 정도가 다른 것이 다"(Matsuda 1993) 혐오발언과 표현의 자유를 연구한 캐서린 겔버 역시 저서 『되받아쳐 말하기: 표현의 자유 대 혐오발언 논쟁Speaking Back: The free speech versus hate speech debate』에서 마찬가지 주장을 한다.

> 비록 일부는 거세고 강경하게 네오나치 그룹에 반대하며 나아가 그들을 침묵시키고자 하지만, 네오나치 그룹은 자신들이 체계적인 차별을 받고 있다는 주장을 정당하게 행할 수 없다. 아무리 반대자들이 네오나치의 신념과 실천을 대대적으로 비판한다 하더라도, 네오나치에 반대하는 표현은 그들을 향한 체계적인 인종 차별을 자행하지도, 영속화하지도, 주장하지도 않기 때문이다.[7]

겔버에 따르면 네오나치에 대한 말대꾸speaking back는 네오나치를 억압하거나 차별하지 못하기 때문에, 이들에 대한 혐오발언이라 할 수 없다. 혹자는 네오나치를 남성(정확히는 여성혐오자 남성)과 비교하여 유비논증을 하는 것이 너무 과하다고 비판할지도 모르겠다. 그러나 겔버의 주장에서 핵심은 네오나치가 아니라, 권력 관계에서 열세에 놓인 집단이 우위를 차지하고 있는 집단에 대해 행하는 말대꾸는 그들을 향한 체계적인 차별을 자행하지도, 영속화하지도 못한다는 것이다. 따라서 남성 혐오발언이 존재한다 하

7   Gelber 2002: 126

더라도, 남성 혐오는 성차별을 실행하지 않기 때문에 여성혐오와 동일한 혐오라고 간주할 수 없다. 물론 이는 여남의 권력 관계가 뒤바뀐다면 달라질 수 있을 것이다. 예컨대 유대인들이 제2차 세계대전 당시엔 사회적 약자였으나 현재 팔레스타인과 관련해서는 강자인 측면이 있듯이 말이다. 따라서 마리 J. 마쓰다는 다음과 같은 단서를 둔다.

> 과거에 피해자였던 집단이 지배적인 위치가 되거나 평등한 위치가 됨으로써 역사가 진행을 바꾼다면, 새로 평등해진 집단은 여기서 제시된 애국적 분노의 표현이라는 특별한 보호를 상실할 것이다.[8]

마치 여성과 남성의 권력 비대칭이 바뀐 허구적인 세계를 그린 게르드 브란튼베르그의 소설 『이갈리아의 딸들』에서처럼, "과거의 피해자 집단"인 여성이 "지배적인 위치"가 되어서 "역사가 진행을 바꾸어" 여남의 권력 관계가 뒤바뀐다면, 남성에 대한 혐오발언도 어쩌면 성립하게 될 것이다. 그러나 그 전까지는 아니다. 앞 장의 논의에서 봤듯이, 메갈리아의 발화는 권위를 도용하고 사칭하는 형식인 만큼 사회적으로 불발되기 쉬운 발화다. 따라서 메갈과 일베를 같다고 보는 것은 혐오발언에 대한 대항 발화로서의 미러링의 특성을 간과한 것이다. 대부분의 혐오발언 연구 논문에서는 이 둘을 다른 것으로 본다. 둘은 그 성격, 정도, 발화가 나오게 된 배경과 맥락, 그 기능, 화자의 성격 및 표적 집단의 성격, 그 발화가

8   Matsuda 1993: 39

표적 집단에게 갖는 효과, 현실 권력 관계의 공고화에 주는 영향력까지, 모든 면에서 전혀 다른 것이다. 메갈리아의 미러링, 아니 남성혐오발언이 여성혐오발언처럼 과연 역사적으로 억압당한 남성 집단의 트라우마를 상기시키고 열등하게 재종속시키는가? 공론장에서의 남성의 발화 권력을 박탈하고 침묵시키는가? 아니면 젠더 권력 불평등을 강화하고 성차별을 공고하게 영속화하는가? 전혀 아니다. 그렇다면 메갈리아와 일베는 전혀 같지 않은 것이다.

5장

메갈리아로 인해
혐오가 더욱
심해지지는 않을까?

많은 이가 "메갈리아의 방식은 오히려 남성의 반감을 초래해서 여성운동에 별로 도움이 되지 않는다", "더 큰 혐오를 발생시킬 뿐이다"라고 주장한다. 즉 메갈리아는 결국 혐오에 혐오로 대응하는 방식이기 때문에 혐오를 더욱 격화시킬 뿐이라는 것이다. 또 어떤 이는 "나는 여성혐오를 한 적도, 일베에 동의한 적도 없는데 어째서 내가 여성혐오자라는 말인가"라고 항변한다. 이 장에서는 이런 논쟁을 다루고자 한다.

이 장에서는 페미니스트 분석철학자 이샤니 마이트라의 "승인된 발화"(Maitra 2012)라는 개념과 혐오발화자의 권력에 대한 그의 분석을 바탕으로 "메갈리아는 혐오를 악화시킨다"는 주장이 틀렸음을 논증하고자 한다. 이샤니 마이트라는 사회적 권력 관계를 통해 화자가 권위를 갖는다는 랭턴식의 견해와는 사뭇 다른 견해를 내놓는다. 그에 따르면 혐오발화자는 어떤 지위로서의 선험적인 사회적 권력(예컨대 남성, 이성애자 등)을 통해서만 권위를 갖는 것이 아니다. 아니, 오히려 혐오발화자는 누군가의 방관과 묵인을 통해서 권위를 획득하게 된다. 마이트라의 아찔한 논의를 들여다보자.

파생된 권위

혐오는 어떻게 힘을 얻는가

이샤니 마이트라는 「종속시키는 말^{Subordinating Speech}」이라는 논문에서 혐오발화자의 권위에 대한 분석을 통해 청자가 화자의 언어 행위에 이의 제기를 하지 않는 경우, 화자는 어떤 권위를 획득한다고 주장한다. "일부 평범한 혐오발화자는 자신의 청자에 의해 승인받음으로써 자신의 혐오발언을 통해 종속을 구성할 수 있다." 마이트라는 이러한 권위를 '승인된 권위'라고 명명한다. 이러한 권위는 어떤 사회적인 지위에서 도출되는 것이 아니다. 그보다는 그 화자의 발화에 아무도 아무런 이의를 제기하지 않는 것, 즉 청자의 묵인을 통해 획득되는 기이한 권위다. 마이트라에 따르면, "화자는 **방관**의 결과 파생된 권위를 갖게 되는 것이 가능"하다(Maitra 2012).

> 화자의 권위가 (관련된) 타인으로 하여금 발화로 이의를 제기하는 것을 막는 데 의존하고 있다면, 나는 화자(와 발화)는 그 타인에 의해 '승인된다'고 말하고자 한다. (…) 화자가 갖게 되는 권위는 그의 청중에 의해 그에게 부여된 권위다. 허가하기는 일종의 권위에 대한 승인으로, 혹은 관련된 타인에 의한 화자에 대한 일종의 권위화로 간주될 수 있다.[1]

혐오발화자가 승인이나 방관을 통해 어떻게 권력을 가지게 된다는 것일까? 마이트라에 따르면 화자는 우선 더 커다란 권력

---

[1]   Maitra 2012: 106

자의 방관의 결과 권위를 갖게 된다. 예컨대 우리는 국가나 사회가 여성혐오를 방관한 결과 여성혐오발화자가 화자로서의 권력을 갖게 되었다고 말할 수 있다. 즉 국가나 사회가 적극적으로 권위를 부여하지는 않았다 하더라도 이들을 묵인하고 방관한 결과 그에게 권위가 실린다는 것이다. 마이트라는 이를 "파생된 권위"(Maitra 2012)라고 일컫는다. 마이트라가 제시한 다음 '나서기 좋아하는 학생'인 알로의 사례를 통해 화자가 이런 파생된 권위를 갖게 되는 과정을 살펴보자.

사례1. 나서기 좋아하는 학생

한 초등학교 교사가 자신의 반 학생에게 과제를 완성하도록 했다. 과제는 학생 각자가 서로 다른 임무를 수행하는 것을 포함했다. 알로라는 한 학생은 뭐든 열심히 하는 친구인 데다가 보통 매우 나서기를 좋아했다. 교사의 감시 하에 알로는 급우에게 임무를 나눠주기 시작했다. 알로의 급우 중 일부는 알로가 이래라 저래라 하는 것이 기분 나빴다. 그들은 불평했고 선생님이 개입해주기를 희망하면서 고개를 돌려 그를 쳐다봤다. 교사는 잠자코 있으며 개입하지 않는다.[2]

마이트라에 따르면 이 경우 알로는 결국 그의 급우에게 임무를 할당할 수 있는 파생된 권위를 갖게 된다. 그러나 여기서 알로는 "교사의 어떤 행동의 결과로서" 권력을 갖게 되는 것이 아니다.

---

2   같은 글, 105

그보다는 "알로가 [권력을] 장악할 때 교사가 개입하는 데 실패했기 때문에 파생된 권위를 가지게" 된 것이다. 그런 개입의 실패, 즉 어떤 방관으로 인해 알로에게 권력이 실리게 된다. 이때 "알로의 (급우에게 임무를 할당할 수 있는) 파생된 권위는 행위가 아니라 방관에서 비롯된다"(Maitra 2012).

> 알로의 사례의 추가적인 특징에 주목하자. 권위가 방관을 통해 파생되는 대부분의 다른 경우와 마찬가지로, 여기에는 권위에 대한 그 어떤 공식적이거나 명시적인 승인이 없었다. 사실 권위에 대한 어떤 공식적인 승인 없이 권위(파생적이든 아니든)를 갖게 되는 것은 굉장히 흔한 일이다.[3]

이 사례에서 나서기 좋아했던 알로라는 학생의 경우는 지위적 권력을 가지고 있던 교사의 묵인과 방관 하에 "파생된 권위"로서 반장 역할을 수행할 수 있는 권력을 획득할 수 있었다. 따라서 마이트라는 더 강한 권력이 적극적으로 공식적인 권위를 부여하지 않았어도 어떤 권위를 묵인하고 방조하는 경우, 묵인을 받은 자는 그 자신보다 더 강한 권력의 권위에 의존하고 있는 '파생된 권위'를 갖게 된다고 주장한다. 그런데 그에 따르면 방관을 행하는 것이 더 강한 권력이 아닌 평범한 사람인 경우에도 화자는 권력을 가지게 될 수 있다.

3   같은 글, 106

권위의 승인

청자의 묵인이 낳는 혐오

더 강한 권력자가 아닌, 권력을 갖지 못한 청자가 어떤 발화에 대해 방관할 경우에도 화자에겐 권력이 실리게 된다. 예컨대 남성 (혹은 여성) 일반이 혐오발화자의 여성혐오발언을 방관하고 묵인한다면 발화자의 여성혐오 발언에 권위가 실리는 것이다. 마이트라에 따르면, 어떤 화자는 권위적인 지위에 있지 않을 때에도 권위를 가질 수 있다. 이런 권위를 그는 "권위에 대한 승인"이라고 명명한다. 이 권위에 대한 승인을 통해 화자가 권위를 획득하게 되는 경로를 그가 제시하는 다음 '하이킹 계획자'와 '교통정리 요원'의 사례를 통해 살펴보자.

사례2. 하이킹 계획자

한 무리의 친구가 이번 주말에 하이킹에 가려 한다. 그들은 하이킹 실행 계획에 대해 토론하기 시작했다. 즉 어디를 갈지, 얼마나 갈지, 뭘 가져가야 할지, 어떻게 갈지 등등 말이다. 그룹의 일부는 이용할 수 있는 선택지에 대해 이런저런 온건한 선호를 표현하지만 강한 선호를 표현하는 사람은 없다. 토론은 계속된다. 토론이 너무 오래도록 계속되자, 그룹의 일원인 앤디는 아무것도 정리되지 않을까 봐 우려하기 시작했다. 그는 자기가 맡기로 결심하고 결정을 하기 시작했다. 그는 다른 집단 구성원 각자에게 구체적인 임무를 할당했다. 즉 누구는 장소를 고르고, 다른 누구는 모임을 위한 충분한 음식을 사고, 다음 사람은 텐트 칠 곳을 찾는 등. 아무도 반대하지 않는다. 모두 자신의 임무를 완성했고, 하이킹은 앤디가 계획한 대로 실행됐다.

사례3. 교통정리 요원

고속도로에서 끔찍한 교통사고가 있었다. 사고에 휘말린 차가 다른 방향에서 오는 대부분의 차를 가로질러 막음으로써 도로가 엉망이 되었다. 딱 하나 뚫려 있는 좁은 길이 남아 있었다. 구조대원은 오는 중이었지만, 도착하기까지 시간이 걸렸다. 무언가가 행해져야 한다는 것을 깨닫고 한 운전자 아그네스는 자신의 차에서 내려 차량을 정리하기 시작했다. 이로써 차들은 사고 장소를 뚫고 지나가기 시작했다.[4]

이 사례에서 하이킹 계획을 명령한 앤디나 교통정리를 수행한 아그네스는 원래 권력을 가지고 있는 자도 아니고, 앞의 사례 1에서 보았던 나서기 좋아하는 학생 알로의 경우처럼 더 큰 권력자인 교사에 의해 파생된 권위를 갖게 된 것도 아니다. 그렇다면 이들이 권위를 갖게 된 이유는 무엇이었을까? 그것은 바로 아무도 이들이 명령하는 데 이의 제기를 하지 않았기 때문이다. 역으로 말하자면, "네가 뭔데 이래라 저래라 하느냐"라는 식으로 누군가 개입을 하거나 이의 제기를 하거나 "당신 말은 듣지 않겠다"고 거부 의사

---

4   같은 곳.

를 표명했다면, 이들은 권위를 갖지 못했을 것이다. 마이트라는 다음처럼 설명한다.

> 앤디도 아그네스도, 그들의 청자가 따르기를 거절했다면 권위를 가질 수 없었을 것이다. 예를 들어 앤디가 최초의 지시를 내렸을 때 그의 친구가 반대했다면, 만일 그들이 앤디가 말한 대로 행하지 않기로 결정했다면, 혹은 만일 그들이 앤디에게 그가 자신들에게 할 일을 지시할 권리가 없다고 말했다면, 그는 어떠한 권위도 갖게 될 수 없었을 것이다.[5]

마이트라에 따르면 화자의 권위가 다른 사람들로 하여금 그의 발화에 이의 제기를 하는 것을 막는 것에 의존하고 있는 경우, 그 화자(그리고 그의 발화)는 타인에 의해 '승인'된 것이다. 예컨대 하이킹 계획을 주도했던 앤디는 그의 친구에 의해, 교통정리를 주도했던 아그네스는 다른 운전자들에 의해 승인을 받았던 것이다. 마이트라는 이 상황에서 앤디와 아그네스의 발화를 "승인된 발화"라고 불렀다. 이런 승인된 발화는 청자의 방관을 통해 힘을 갖게 된다.

> 화자가 갖게 되는 권위가 그 청자에 의해 인정되었다. 그렇다면 승인하기는 일종의 권위에 대한 인정하기, 혹은 (낸시 바우어의 용어를 빌리자면) 일종의 관련된 타인에 의해 이루어지는 화자에 대한 권위 부여로 간주될 수 있다.[6]

---

5   같은 글, 107
6   같은 곳.

이렇게 화자는 허용에 의해 권위를 갖게 된다. 그러나 그들이 권위의 지위를 차지하고 있을 필연성이 있는 것은 아니다. 관련된 지위, 권위를 갖지 못했던 화자도 승인을 통해 다른 이에게 명령을 할 수 있게 되기 때문이다. 앤디도 아그네스도 그들의 언어 행위에 앞서서 (관련된) 권위를 전혀 가지고 있지 않았다. 사례 1과 달리이 두 사람은 말의 순간에 관련된 영역에 대한 권위를 가지고 있지 않았기 때문에, 그들의 발화는 권위적인 발화가 아니었다. 오히려 반대로 설명이 가능하다. 즉 "앤디와 아그네스가 권위를 가지게 된 것은 그들의 발화가 승인되었기 때문이다"(Maitra 2012).

이 장에서 제기한 메갈리아에 대한 비판에 마이트라의 이런 논의를 적용한다면, 여성이 여성혐오에 대항해 목소리를 내는 것이 "남성의 반감을 초래해서 오히려 여성혐오를 악화시킬 수 있다"는 주장은 이처럼 오히려 청자가 아무 말도 하지 않을 때 청자의 묵인을 통해 획득되는 화자의 권위, 즉 승인된 권위가 실린다는 지점을 간과하고 있는 것이다. 다음의 지하철 혐오발언의 사례를 보자.

사례 4. 지하철 승객

한 아랍 여성이 붐비는 지하철에 있다. 나이든 백인 남성이 그에게 다가와, "좆같은 테러리스트야, 너희 나라로 돌아가. 여긴 너 같은 거 필요 없어"라고 말한다. 일체 대꾸하지 않는 여성에게 그는 이런 식으로 계속 말했다. 그는 지하철에 있는 다른 모든 사람이 자기 말을 분명히 들을 수 있을 만큼 큰 소리로 말한다. 다른 모든 대화는 중단된다. 대다수의 승객은 그렇게 화자에게 시선을 돌렸지만, 아무도 개입하지 않는다.[7]

이 대화 속에서 백인 남성인 화자는 "그의 타깃을 테러리스트이자 달갑지 않은 사람으로 표시하는 것을 겨냥하며, 그렇게 해서 그녀를 다른 이에 비해 열등한 존재로 등급을 매긴다". 또한 이 사례에서 지하철 안의 모든 승객은 혐오발화자의 말을 들을 수 있었다. 또한 승객 각자는 다른 모든 승객이 혐오발화자의 목소리를 들을 수 있다는 사실을 인지하고 있었다. 이때 승객들은 (본의 아닌) 하나의 대화의 참여자로 간주될 수 있다(Maitra 2012). 즉 다른 승객은 피해 여성(마이트라 자신이다!)이 혐오발언을 당하고 있다는 것을, 또한 다른 모든 승객도 이 혐오발언을 함께 들었다는 것을 인지하고 있었다. 그럼에도 불구하고 아무도 나서지 않았다. 이 사례에서 그 나이든 백인 남성은 승객들의 방관과 침묵으로 인해 권위를 승인받고, 혐오발언을 성공시킬 수 있었다.

아무도 그 화자의 주장에 이의 제기를 하지 않는다. 앞의 논의를 고려하여 우리는 이 실패를 '허용하기'라고 생각할 수 있다. 허용하기는 타깃을 등급 매길 수 있으며, 이 사례에서 화자는 그의 타깃을 열등하다고 등급 매기는 데 성공한다.[8]

7   같은 글, 101-102
8   같은 글, 115

이 지하철에서의 혐오발언 사례를 통해 우리는 사람들의 침묵이 어떻게 화자에게 권위를 실어주는가를 알 수 있다. 이는 여성혐오에 방관해왔던 이들에 대해서도 똑같이 적용할 수 있다. 그들은 지하철 승객과 같다. 여성에 대한 혐오발언이 난무할 때, 아무런 이의 제기를 하지 않는 이들에 의해 화자는 권위를 승인받는다. 이는 "메갈리아의 미러링 전략이 오히려 혐오를 증폭시키고 악화시킬 수 있다"는 우려에 대한 정확한 반론이 될 수 있다. 혐오발화자는 아무런 이의 제기를 받지 않을 경우에 오히려 권위를 획득하게 되기 때문이다. 수많은 사례에서 볼 수 있듯, "권위는 어떤 묵인을 통해 도출되며, 공식적이거나 명시적인 권위 승인은 필요치 않다"고 마이트라는 주장한다. 청자들이 목소리를 내지 않는 것만으로, 화자의 발화는 승인되고, 권위를 획득하는 것이다. 이어서 마이트라는 청자가 침묵을 지키는 것이 혐오발화자를 승인하는 일이 된다면, 승객들, 즉 청자에게는 목소리를 내야 할 어떤 도덕적인 의무가 있다고 말한다. 그리고 주장한다. "만일 승인licencing에 대해 내 견해가 맞는다면, 다른 승객들은 침묵 속에 머물러 있음으로써 혐오발화자가 행하는 것에 어느 정도 공모하는 것이다(Maitra 2012)."

방관은 왜 공모인가

물론 많은 남성의 오랜 침묵이 온갖 여성혐오발언에 그들이 동의했음을 의미하지는 않을 것이다. 때문에 많은 남성이 "나도 일베를 싫어하고 여성혐오에 반대한다. 왜 나를 여성혐오자로 취급하느냐"고 항변한다. 마이트라 역시 이 지점을 잘 파악하고 있다. "다른 지하철 승객들의 침묵이 그들이 그 혐오발화자의 의도된 등급 매기기나 그가 전달하고자 의도한 기타 어떤 것에 동의한다는 것을 의미하지는 않는다는 반론이 있을 수 있다. 침묵이 혐오발화자에 대해 권위를 승인하는 것으로 여겨져서는 안 된다는 반론이다(Maitra 2012)."

그러나 마이트라는 분명하게 주장한다. "화자가 말하는 것에 대해 강한 유보를 가지고 있다 하더라도, 그들이 목소리를 내지 않는 한, 화자는 결국 권위를 가질 수 있게 된다." 이렇게 획득되는 권위에서, 권위를 허가한 자—침묵한 자—가 허가를 받은 자의 말에 실질적인 동의를 하느냐는 중요치 않다. 중요한 것은 혐오발화의 내용에 동의하건 하지 않건 간에, 설사 대다수가 그 내용에 동의하지 않았다 하더라도 혐오발화자에게 이의 제기를 하지 않을 경우 화자는 어떤 묵인된 권위를 획득하게 된다는 사실이다. 결국 방관 자체가 혐오를 강화하며, 결과적으로 그 혐오에 일정 부분 공모한다는 것은 부인할 수 없는 현실이다. 앞에서 보았던 하이킹 계획을 주도했던 앤디와 교통정리를 주도했던 아그네스의 사례로 돌아가보자.

앤디와 아그네스의 경우 그들의 친구들과 다른 운전자들이 각자 앤디와 아그네스가 말하는 것에 대해 유보를 가지고 있었다 하더라도, 그들이 그런 유보를 공유하지 않는 한 앤디와 아그네스는 결국 권위를 가질 수 있게 된다. (…) 같은 사실이 여기서도 들어맞는다. 비록 혐오발화자의 이야기를 듣고 있던 승객들이 발화자가 겨냥한 여성을 향해 말하는 내용에 대해 강한 유보를 가지고 있다 하더라도, 그들이 목소리를 내지 않는 한, 화자는 결국 권위를 가질 수 있게 된다.[9]

설사 여성혐오에 동의한 적이 없다고 할지라도 여성혐오에 방관한 결과 여성혐오자의 권리에 승인된 권위가 실렸다면, 매우 재밌는 논리적 귀결이 발생한다. 메갈리아가 여성혐오자에게 이의 제기를 함으로써 여성혐오발화자의 승인된 권위를 뒤흔들 때, 메갈리아는 오히려 여성혐오발화에 권위를 승인하기를 거부함으로써 혐오를 줄이는 매우 유익한 일을 행하고 있는 것이다. 메갈리아가 혐오를 가중시킨다는 비판이 전제하고 있는 윤리적인 당위, 즉 혐오를 줄이는 게 타당한 일이라면, 메갈리아가 승인된 권위에 대한 논박을 통해 발화자의 권위를 교란함으로써 혐오를 줄여가고 있는 것은 지금까지 '혐오에 동의하지 않지만 그냥 말을 하지 않았을 뿐인 이들'에게는 매우 반갑고 감사해야 할 일일 것이다. 혐오발언은 청자의 방관과 묵인 속에 승인된 권위를 갖는다. 숱한 여성혐오에 스스로 찬동하지 않았으나 이를 묵인했던 이들은 혐오발언의

9   같은 글, 116

어엿한 공모자로서, 오히려 혐오를 줄이고자 행동에 나선 메갈리아를 비난하고 있는 셈이다.

'선한' 남성들은 왜 '일반화'당하는가

따라서 "메갈리아는 남성에게 반감을 줘서 오히려 여성혐오를 강화한다"거나 "혐오에 혐오로 대응하기 때문에 더 큰 혐오를 불러일으킬 뿐이다"라는 주장은 모두 틀렸다. 메갈리아가 행하고 있는 언어적인 전복이나 여성혐오발화자에 맞서 대응하는 방식은 지금까지의 여성혐오가 침묵 속에 승인받은 권위를 줄이고 있다. 메갈리안은 여성혐오에 침묵하지 않고 목소리를 내면서 혐오발화자의 권위에 분명 이의를 제기하고 있으며, 이것이 여성혐오의 권위를 교란한다. 메갈리아의 방식은 여성혐오를 약화시킨다.

반대로 여성혐오에 방관하고 이의 제기를 하지 않았던 남성 혹은 여성에게는 여성혐오에 대해 책임이 있다. 목소리를 내지 않는 한, 화자는 결국 권위를 가질 수 있기 때문이다. 여성혐오가 방관과 묵인을 통해 권위를 획득하는 것이라면, 메갈리아가 아닌 여성혐오 문제를 보고 넘겨온 수많은 방관자가 여성혐오의 힘을 키워주고 있었던 셈이다. 마이트라의 용어로 표현하자면 이들은 "침묵 속에 머물러 있으면서 어느 정도로는 혐오발화자가 행하는 것과 공모"했다. 앞선 사례의 지하철 장면으로 돌아가보자. 여기서 혐오발화자는 자기의 의견에 동조하는 승객과 피해자를 분리시키는 전략을 취한다. "저 열등한 아랍 여성이 테러리스트이며 추방되어야 한다는 데 당신들도 모두 동의하지?"라고 말이다.

> 혐오발화자는 다른 승객을 그 학대를 허용하거나 (최소한) 그들 스스로 표적이 되는 위험의 입장에 집어넣음으로써, 그들을 이중구속으로 밀어 넣는다. (…) 그〔혐오발화자〕는 자신의 타깃으로 하여금 다른 승객들이 그가 표적 여성에게 그리고 그녀에 대해 말하고 있는 것에 동의하는지를 궁금해하는 입장으로 밀어 넣는다. (…) 이를 행하면서 혐오발화자는 자신의 표적과 다른 승객들이 서로 효과적으로 분열되는 상황을 만들어낸다.[10]

그렇다. 설사 여성혐오에 방관한 남성이 여성혐오에 찬동하지 않는다 하더라도 그가 용기가 없어서 목소리를 내지 않아왔다는 사실은 혐오의 피해자인 여성으로 하여금 그들을 불신하고 기피하도록 만든다. 이때 여성혐오의 피해자인 여성과 선의의 남성은 분열된다. 마리 J. 마쓰다 역시 마이트라와 마찬가지로 혐오발언이 피해자로 하여금 가해자가 속한 선의의 지배 집단을 모두 의심의 눈초리로 바라보게 만든다는 사실을 지적한다. 마쓰다에 따르면 "인종차별적인 선동은 피해자 집단 구성원으로 하여금 모든 지배 집단 성원을 의심의 눈초리로 바라보게 한다"(Matsuda 1993).

이때 여성이 남성을 일반화하여 혐오하게 되는 계기는 이

---

10   같은 곳.

런 여성혐오의 피해 경험에서 기인하는 것일 수 있다. 이샤니 마이트라는 마쓰다를 따라 "학대당하는 것은 표적 집단으로 하여금 혐오발언자 집단 구성원 모두를 불신을 가지고 대우하게 되는 원인이 된다. 이 두 역학관계는 표적 집단의 구성원과 혐오발언자 집단의 구성원을 서로 멀어지게끔 만든다"고 주장한다. 메갈리안을 비롯한 일부 여성이 남성 집단 전체를 불신하고 기피하게 된 원인, 즉 마이트라의 표현대로 "표적 집단이 혐오발언자 집단 구성원 모두를 불신을 가지고 대우하게 되는 원인"에는 이렇듯 학대의 경험이 놓여 있다. 이는 여성혐오에만 국한된 반응이 아니라, 인종혐오, 동성애혐오 등 모든 혐오발언 피해 집단 전체에 나타나는 공통된 현상인 것이다.

메갈리아의 호전성이 선의를 가진 남성에게 오히려 반감을 준다는 이유로 메갈리아를 비판하기 전에 이 사실을 명확히 할 필요가 있다. 메갈리아를 비롯한 일부 여성이 선의의 남성을 불신의 눈으로 두려워하고 기피하며 일반화해 비난하게 되었다면 그 원인은 메갈리아가 아니라 여성혐오발화자에게 있다. 또한 이때 남성은 여성혐오에 반대해왔다 하더라도 적극적인 목소리를 내지 않은 결과 혐오발화자에게 승인된 권위를 실어주게 된 책임을 공유한다고 볼 수 있다. "침묵 속에 머물러 있는 것만으로 혐오발화자를 승인하는 셈이라면, 승객들은 목소리를 내야 할 어떤 도덕적인 의무를 가진다"는 마이트라의 주장을 기억하자. 따라서 나는 남성들에게, 여성혐오와 관련해서 당신은 지하철에서 목소리를 내는 승객이 될 것인지, 아니면 묵인하고 방관하는 승객이 될지 묻고 싶다. 메갈리안을 탓할게 아니라 이렇게 선의를 가진 자신마저 억울하게 공모자로 간주하게끔 만든 여성혐오자들에게 반대의 목소리를 냄으로써 잃어버린 신뢰를 회복하는 편이 어떤지 묻고 싶다. 그것이 여성혐오에 분노한 여성들의 남성 불신을 해소하고 그토록 바라는 '사이좋은' 관계를 이룩하는 길이지 않을까? 그리고 그것이 혐오발화자의 승인된 권력을 박탈함으로써 혐오를 막는 길이 아닐까?

6장

메갈리아는 소수자 혐오 집단인가?

이번 장에서는 '메갈리아는 소수자 혐오 집단이며, 성별 이분법을 강화하고 있다'는 비판에 대해 살펴보자. 우선 메갈리아의 미러링 스피치는 성별 이분법을 강화한다는 점에서 반페미니즘적이라는 비판이 있다. 예컨대 메갈리안이 사용하는 "실좆"[1], "와꾸 빻았다"[2] 등의 발화가 성기나 외모를 비하함으로써 외모중심주의와 성기중심 주의, 성별 고정관념과 젠더 이분법을 재생산한다는 것이다. 또 한편 메갈리아 혹은 메갈리아에서 갈라져나온 커뮤니티 워마드에서는 남성 동성애자의 여성혐오를 비판하는 와중에 동성애자에게 동성애혐오발언을 사용함으로써 소수자 비하를 자행한다는 비판이 있다. 이 민감한 주장은 흑인 페미니스트이자 교차성 연구자인 킴벌리 윌리엄스 크렌쇼의 논의와 소수자 집단끼리의 혐오발언을 논의한 마리 J. 마쓰다를 참고해 좀더 뒤에서 다룰 것이다. 그전에 우선 메갈리아가 "성별 이분법이나 젠더 규범을 강화시킨다"는 주장에 대해 논해보자.

여성에게는 그동안 "남고생 따먹고 싶다", "남자는 3일에 한 번 패야 제맛" 같은 발언이 '발화불가능'했다. 여성의 외모나 몸매를 평가하는 것, '◎◎녀'로 호명하며 조리돌림하는 것, 여성을 향한 성희롱을 농담 삼아 일삼는 관습이 만연한 것과 반대로 여성의 남성에 대한 외모 평가, '◎◎남'이라는 표현, 남성을 상대로 한 성희롱은 거의 존재할 수 없었다. 누군가가 입에 재갈을 물린 것도(발화행위적 재갈), 그런 말들을 누군가가 전적으로 묵살한 것도(발화효과행위적 좌절) 아니었지만, 아무리 그런 언어 행위를 하려고 해봐야 "남자면 조신하게 집에 가서 애나 봐라"라고 말할 수 있는

---

1   남성의 성기가 실처럼 얇고 힘이 없음을 뜻하는 비하 표현으로 '허벌보지'와 같은 여성혐오발언의 미러링.

2   남성의 외모를 비하하는 표현으로 여성 외모 품평에 대한 미러링.

그런 제도나 절차가 존재하지 않았기 때문에 이것은 모두 "발화내 행위적 불능"이었다(Langton 1993).

　　　　이런 말들은 여자답지 못한 것, 나아가 미친년·죽일 년 소리를 들을 각오하에 가능한 발화였고, 또는 오직 '개그'로서 가능했다. "어디 남자가 아침부터 인상을 써?" "남자가 시건방지게 여자가 말하는데 말대답이야!"와 같은 개그우먼 김숙의 발화는 특정 상황 속 특정 인물에게만, 오직 유머로서 기능했다. 이 발화가 유머로 기능하는 이유는 무엇인가? 그것이 권위 없는 화자가 권위 있는 화자의 발화를 모방해서 행하는 진지하지 않은 수행문, 사회적으로 불발되기 쉬운 수행문이라는 것을 시청자가 알고 있기 때문이다.

메갈리아는 성별 이분법을 강화하는가?

그러나 3장에서도 언급했듯이, 여성이 여성에게는 금기시되어왔던 이런 과격하거나 성적인 발화를 진지하게든 아니든 입에 담기 시작할 때, 이 '반란적인 발화'는 지배적인 규범에 어떤 트러블을 일으킨다. 멜라니 조이 맥너턴에 따르면 "반란적인 발화는 누군가의 환경 또는 환경과 관련된 것에 대한 표준적인 방식을 불안정하게 만들며, 따라서 전통적이거나 표준화된 틀에서 그것의 규범으로서의 지위를 "벗겨낸다". 이런 "반란적인 발화는 권력 강화를 위한 적극적인 기회, 즉 권력이 박탈된 편견을 재기술할 수 있는 방식으로 보통 논의된다." 그리고 반란적인 발화에는 의심의 여지 없이, 이것을 가능케 하는 힘이 있다. 맥너턴에 따르면 "반란적인 발화는 과거의 영토에 트러블을 일으키는 저항의 도구로 더 잘 이해된다. 과거의 작동 영토를 파괴하는 것은 낡은 용법이 완전히 삭제되거나 대체되었음을 의미할 수 있다". 이러한 여성의 반란적인 발화는 여성성을 재의미화하여 젠더 트러블을 일으킨다고 그는 말한다 (McNaughton 2012).

> 여성은 서구 문화에서 전형적으로 더 온순한, 연약한 성으로서뿐 아니라 덜 공격적이고, 덜 적극적이며, 더 착하고 좀 더 친화적인 성으로 여겨진다. 그러나 여성에 대한 정의를 차지하여 다른 맥락에서 사용함으로써 여성의 과거 작동 영토에 트러블을 일으킬 수 있다.[3]

이런 반란적인 발화를 수행하는 것이 곧 "반란적인 여성성"이라고 그는 설명한다. 메갈리안은 과거의 순종적이고 조신한 여성성을 거부하며 여성에게는 금지되어왔던, '남성적'이라고 여겨졌던 언어를 (재)차지했다. 이때 메갈리안의 "남자는 따먹고 버려야 한다", "남자는 역시 얼굴이 잘생기고 볼 일이지" 등의 반란적인 발화는 곧 조신하고 고분고분하도록 강요되어왔던 여성성의 젠더 규범에 트러블을 일으키는 '반란적 여성성'에 해당한다. 맥너턴은 이러한 반란적인 발화를 통해 드러난 반란적인 여성성의 사례를 다음과 같이 제시한다.

3   McNaughton 2012: 6

체육관에서의 반란적인 발화의 사례를 들자면, 남성 트레이닝 파트너가 펀치의 힘이 부족하다며 또 다른 한 남성을 몰아세울 때(보통 동지애의 정신에서), 그들은 그에게 "계집애처럼 때린다"고 말함으로써 그의 파트너를 비하하고자 한다. 이러한 유형의 자극을 우연히 듣게 되었을 때의 나의 응수는 남자들을 불러서 "계집애한테 맞는 것이 어떤 느낌인지 보여주겠다"고 제안하는 것이다.[4]

맥너턴에 따르면 반란적인 발화는 언어 행위에만 적용되는 것이 아니다. 이를테면 여성이 자신에게 금기시되어왔던 스포츠에 남성과 동등한 파트너로서 참여하는 실천 또한 반란적인 발화의 일종이다. "만일 스포츠가 헤게모니적인 남성성을 위한 근거지로서 사회적으로 구성된다면, 여성으로서 스포츠에 참여하는 것은 그 수행적인 규범을 재기술할 수 있는 어떤 방식, 즉 일종의 반란적인 발화"에 해당한다고 그는 말한다. "육체적인 공격, 기술, 지구력에 대한 가장 명시적인 전시로서의 싸움"이 남성을 궁극적으로 표현해주는 무엇이라 할 때, 여성으로서 그리고 동료로서 스포츠에 참여하는 것은 훨씬 강한 반란적인 발화의 체현이라는 것이다(McNaughton 2012).

메갈리아는 조신하고 순종적이며 고분고분한 것이 미덕이라 여겨져왔던 전통적인 여성성을 탈피해 남성만이 입에 담을 수 있었던 험악한 욕설과 성기 및 외모 평가 등을 시도했다. 여성에게 금기시되어왔던 언어('김치남', '한남충')을 사용함으로써, 지배

4   같은 곳.

적인 여성성에 젠더 트러블을 일으킨 것이다. 이러한 실천은 기존의 관습적이고 규범적이었던 여성성을 거부함으로써 여성성을 재의미화한다. 이처럼 반란적인 여성성은 여성의 언어에 대한 규범뿐 아니라 여성성에 대한 기존의 규범을 재구성함으로써 성별 이분법에 균열을 낸다. 따라서 "메갈리아는 젠더 이분법 내지는 성별 고정관념을 강화시킨다"는 주장은 재고의 여지가 있다. 오히려 메갈리아는 이런 여성에게 강요되어왔던 고정관념을 교란하고 전복시켜 반란적인 여성성을 행하고 있기 때문이다. 그럼에도 '실좆', '와꾸 빻았다', '창놈' 같은 발언들은 결국 성기중심주의나 외모중심주의, 젠더 이분법, 성노동자 비하 등을 재생산할 위험이 있다. 미러링의 힘은 기존 원본에서 나오는 만큼, 원본의 억압적 성격에서 완전히 탈피하기는 어렵다. "자신의 트라우마적인 잔여가 정화된 언어는 없으며, 언어의 반복 과정을 향하는 끈질긴 노력을 거치지 않고서 트라우마를 돌파할 방법은 없다"(Butler 1997)는 버틀러의 말은 미러링의 위험성을 경계하게 해준다. 미러링이 해방적인 것이 되기 위해서는, 기존의 억압과 공모하는 언어여서는 안 된다.

메갈리아의 동성애혐오 표현은 정당한가?

그렇다면 메갈리아가 "성 소수자 비하를 자행한다"는 주장은 어떨까? 그 주장만큼은 맞지 않을까? 게이 커뮤니티 내에서 여성을 "뽈록이"⁵ 등으로, 레즈비언을 "가위충"⁶ 등으로 부른다는 사실이 알려지고 나서 많은 메갈리안은 분노했다. 일부 메갈리안은 이에 게이 역시 사회적 소수자이기에 앞서 한국 남성으로서 기득권을 갖고 있다고 주장했고, 급기야 어떤 이들은 "똥꼬충"⁷ "에이즈충" 같은 동성애혐오발언을 그 대항마로 내세우며 미러링의 일종으로 사용하자고 주장했다. 반대 의견도 있었지만 실제로 메갈리아에서는 이 용어가 사용되었다. 그렇다면 메갈리안은 이런 동성애혐오발언을 통해 성 소수자 혐오를 행한 것일까?

이 비판 역시 일정 부분 옳다. 다시 말해 메갈리안의 방식이 소수자 혐오를 재활성화한다는 비판에는 유효한 면이 존재한다. 마리 J. 마쓰다는 혐오발언의 기준을 제시하면서 "곤란한 경우"에 대해 언급한다. 하나의 소수자 집단이 피해자임을 내세워서 다른 소수자 집단에게 행하는 혐오발언이 그런 경우다. 그녀는 하나의 예속된 집단이 또 다른 예속된 집단에 대해 인종차별 발언을 가하는 현상은 지속적으로 보고되는 민감한 문제라고 토로한다. 그런 혐오발언이 "억압의 경험으로부터 나오는 분노에 찬 발언"일 경우가 있기 때문이다. 그러나 결론적으로 마쓰다는 소수자 집단끼리의 공격에 대해, "박해의 언어를 사용하고 인종적 열등성의 수사를 차용함으로써 예속된 집단 구성원을 공격하도록 사용되는 경우"엔 혐오발언에 해당된다고 보았다(Matsuda 1993).

종속된 집단 구성원은 때로는 그들 자신의 집단을 향해 인종차별적인 언어를 겨냥한다. 피해자의 특권은 그것이 하

---

5   여성의 가슴이 나온 것을 비하적으로 가리키는 표현.
6   레즈비언이 성관계를 할 때의 체위를 비유해 비하적으로 쓰는 표현.
7   동성애자들이 항문성교하는 것을 비하적으로 가리키는 표현.

나의 종속된 집단 사람이 다른 종속된 집단을 향해 비난을 퍼붓도록 사용될 경우 문제가 된다. 나는 여기서 억압의 경험으로부터 나오는 분노에 찬 발언에 대해서는 관용을 주장하고자 하지만, 그런 발언이 박해의 언어를 사용하고 인종적 열등성의 수사를 차용함으로써 예속된 집단 구성원을 공격하도록 사용되는 경우, 그런 발언을 금지하고만 싶어진다.[8]

문제는 메갈리아에서 사용했던 '똥꼬충'이나 '에이즈충'이 "분노에 찬" 수사이면서도 동시에 여성혐오의 피해자라는 명분을 내세워서 동성애 비하를 차용했다는 점에 있다. 우리는 메갈리아·워마드의 동성애혐오발언이 불가피한 것이었다고, 즉 '게이의 여성혐오'를 비난할 수 있는 해당 어휘가 없었기 때문에 그리고 게이의 여성혐오에 대한 분노의 수사였기 때문에 불가피하게 동성애혐오 발화자의 어휘를 차용할 수밖에 없었다고 말할 수 있을까?

맥락을 이해한다 하더라도 결과적으로 '똥꼬충', '에이즈충'은 동성애자나 에이즈환자에 대한 혐오와 편견을 재생산하고 당사자에게 주는 상처를 재생산한다는 점에서 혐오발언에 해당된다는 혐의를 지울 수 없다. 이 지점에서 메갈리아는 비판받아야 한다. 비록 남성 동성애자가 기득권으로서의 '남성'이라 하더라도, '동성애자'로서 섹슈얼리티에 있어서는 사회적 약자임은 부인할 수 없기 때문이다. 특히 일부 메갈리안 및 워마드가 수행했던 동성애혐오발언의 경우는, 그런 남성 기득권을 공격한 것이기도 했지만 분명히 억

8   Matsuda 1993: 39-40

압당한 정체성을 겨냥했기 때문에 문제적이다. 마리 J. 마쓰다는 소수자 집단에 일부 다수자성이 있다 하더라도, "그 집단이 예속되어 있는 경우, 운이 좋은 반례조차도 불행감을 느끼"며, 따라서 그 집단 일부의 "행운은 특권과 같지 않다"고 주장한다(Matsuda 1993).

이 제안에 대한 비판자는 누군가가 억압받는 자인지 아닌지를 어떻게 알 수 있느냐고 물을 것이다. 가난한 백인, 소수민족 백인, 부유한 소수인종 등 혼란스러운 사례와 분류의 한계는 방대하다. 우리는 사회적 지표를 살펴봄으로써 종속이 존재하는 경우를 결정할 수 있다. 즉 부, 신체 장애, 편의, 건강, 생존—혹은 이것의 부재—은 최고치와 최저치를 표시하는 경향이 있다. 집단의 지위의 높낮이는 어떤 개인이 반례일 때에도 의미가 있다. 그 집단이 예속되어 있는 경우, 운이 좋은 반례조차도 불행감을 느끼기 때문이다. 행운은 특권과 같지 않다. 몇몇 경우, 어떤 집단의 사회적 행복은 그들에 대한 피해자화가 지속될 때조차 향상될 수 있다. 경제적인 성공을 경험한 동양인은 종종 그들의 재능에 비해 취업이 되지 않는다. 고용에서의 평등을 획득한 유대인은 그럼에도 불구하고 여전히 반유대주의 욕설, 희롱, 배제를 경험한다. 변호사가 법적인 다툼이 있는 경우 사실을 발견하기 위해 다른 법률 영역에서 증거를 모으는 것과 같은 방법으로 우리는 종속에 대한 사실을 알아낼 수 있으며, 혐오발언이 그런 종속의 도구로 사용되었는지를 판단할 수 있다.[9]

9   같은 글, 39

다시 말해 일부 남성 동성애자가 남성으로서 기득권을 향유하는 것은 사실일 수 있지만, 그렇다 하더라도 그들은 여전히 '동성애자로서' 욕설과 차별, 희롱을 경험하며 불행감을 느끼게 된다. 따라서 그런 남성 동성애자의 남성으로서의 특권이 소수자 집단으로서의 동성애자의 지위를 상쇄하는 것은 아니다. 마리 J. 마쓰다가 분명히 했듯이 혐오발언은 역사적으로 억압된 집단에 대해 의도적으로 행해지는 것이며, 동성애자가 역사적으로 억압된 집단이라는 것은 두말할 나위가 없다. 메갈리아의 수많은 미러링은 분노에 찬 수사이자 카운터 스피치의 특성상 결국 기존의 혐오발언을 활용할 수밖에 없었다 하더라도, 기존 동성애자에 대한 혐오발언을 똑같이 활용한 것은 동성애혐오와 여성혐오가 밀접한 연관이 있다는 점을 누락시킴으로써, 또한 여성혐오에 대해서만 투쟁함으로써 특히 앞으로 이야기할 "구조적 교차성"과 "정치적 교차성"(Crenshaw 1993)을 은폐한다. 이는 결과적으로 여성혐오에 저항하고자 하는 메갈리안에게 부메랑이 되어 돌아올 수도 있다.

소수자 혐오의 구조적 교차성

'병신년'이 겨냥하는 것

교차성 연구자이자 흑인 페미니스트인 킴벌리 윌리엄스 크렌쇼는 "젠더에 대한 강조는 젠더 종속이 인종 및 계급과 상호작용한다는 것을 간과"하는 경향이 있음을 지적하면서 이런 태도는 인종차별과 성차별을 상호 배타적인 것으로 구성하는 이론적, 정치적 실천과 상관이 있다고 주장한다. 크렌쇼는 논문 「인종차별주의와 여성혐오를 넘어서Beyond Racism and Misogyny: Black Feminism and 2 Live Crew」라는 논문에서 여성혐오적인 가사로 악명 높은 흑인 갱스터 그룹 '2 Live Crew'에 대한 검열 사건을 통해 인종혐오와 여성혐오가 충돌하는 지점과 이를 해결하기 위한 방안을 모색했다.

그의 작업은 어떤 집단에 대한 특정 혐오만을 따로 떼서 고찰하는 방식이 갖는 한계를 매우 잘 드러내준다. 그 까닭은 무엇보다 먼저 여성 억압, 동성애 억압과 같은 다양한 억압의 **구조**가 서로를 **강화**시키기 때문이다. 다시 말해 억압은 구조적으로 교차한다. 크렌쇼는 이를 "억압의 중첩적인 구조", 즉 "구조적 교차성"이라 일컫는다. 그의 설명에 따르면 '구조적 교차성'이라는 용어는 유색인종 여성이 중첩적인 억압 구조 내에 위치되는 방식을 지칭하기 위해 사용된 것이다. 섹슈얼리티와 젠더에 대한 억압, 즉 여성혐오와 동성애혐오는 연결되어 있으며 서로를 강화한다. 억압적인 구조의 교차성으로 인해 다양한 혐오는 서로 연결되어 있을 수밖에 없다. 예컨대 "병신년"이라는 발화에서 장애인혐오와 여성혐오를 분리시킬 수 있을까? 장애 여성은 이 교차적인 혐오로 인해 두 번 고통을 경험하지 않을까?

구조적 교차성의 예시는 여성을 향한 폭력이 여성의 인종, 계급, 기타 사회적 특징에 따라 상당히 다양할 수 있는 어떤

구체적인 맥락 내에서 대개 발생한다는 것을 보여준다.[10]

　　트랜스젠더 여성이 경험하는 혐오, 장애 여성이 경험하는
혐오, 레즈비언 여성이 경험하는 혐오는 동일하지 않다. 이자스민
의원에게 가해진 혐오를 여성혐오로만 설명할 수는 없다. 농담의
맥락에서 악용되는 "2016 병신년"이라는 장애 여성 혐오 역시 여
성혐오로만 설명할 수는 없다. 장애 여성 혐오나 트랜스 여성 혐오
에서 여성혐오는 일괄적으로 적용되는 것이 아니며, 교차성을 따라
상이하게 가해지게 된다. 크렌쇼가 말했듯 여성을 향한 폭력은 대
개 어떤 구체적인 맥락 안에서 발생하기에, 여성혐오의 다종다양
한 결을 섬세하게 주시하기 위해서라도 혐오가 교차성을 통해 작동
한다는 사실을 인식해야만 한다. 오로지 지정 젠더로서의 여성혐오
만이 문제된다고 가정할 경우 억압의 구조가 중층적이며 젠더나 섹
슈얼리티, 민족, 인종 같은 독자적 억압이 교차적으로 가해질 뿐 아
니라 여성혐오가 동성애혐오나 장애인혐오, 인종혐오 등과 복합적
으로 작용한다는 점을 놓치게 될 수 있다. 크렌쇼는 이렇게 "오로지
특정한 억압적 관행에만 이의를 제기"할 때의 문제점을 다음과 같
이 지적한다.

　　기존의 계급관계는 유지하는 반면 오로지 특정한 억압적
　　관행에만 이의를 제기하는 정치적 전략은, 다양한 억압 체
　　계에 종속되는 자를 주변화할 뿐 아니라 종종 인종과 젠더
　　담론을 대립시키는 결과를 낳는다. 교차적인 비판은 따라

10　　Crenshaw 1993: 114-116

서 개량주의적인 하나의 담론 정치가 다른 억압의 측면을 강화하는 방식을 밝힘에 있어서 중요하다.[11]

이렇게 하나의 특정한 혐오에 우선권을 부여함으로써 여성혐오와 투쟁하는 와중에서 인종혐오가 은폐되는 문제에 대해서는 주디스 버틀러 또한 지적한다. "불행하게도, 일부 혐오발언 주장에 대한 전유는 인종적 상처의 결과는 축소하는 경향이 있는 반면, 성적인 상처의 영역은 가능한 한 확장하곤 한다"고 그는 말한다. 메갈리아에 규범적·이념적인 잣대를 적용하여 어떤 방향을 제시하는 것은 여성혐오에 반대하는 그들의 자생적 움직임의 역동성을 미리 꺾을 수 있다고 생각되기는 하지만, "언어의 상처에 저항하는 언어는 상처를 재실행하지 않고 그 상처를 반복해야 한다"는 버틀러의 언급은 메갈리아의 미러링 운동에 최소한의 이정표가 되어야 한다 (Butler 1997). 여성혐오와 투쟁하는 것은 당연한 정언명령이지만 그 와중에서 다른 집단을 주변화할 경우, 예컨대 레즈비언 여성이 경험하는 혐오와 같이 여성혐오가 구조적으로 교차해서 발생하는 상황을 놓치게 될 수 있는 것이다. 메갈리아는 체계적인 계획을 가지고 출발한 여성운동이 아니라 우발적인 방식으로 시작되었기 때문에 이런저런 한계가 있을 수 있다. 이런 배경에서 여성혐오의 작동 방식을 더욱 잘 분석하여 투쟁하기 위해서라도 동성애혐오나 장애인혐오와 같은 다른 혐오를 통해 여성혐오가 강화되고 혹은 은폐되는 방식을 추적해야 하지 않을까? 또 이런 소수자 집단 간의 대립과 갈등이 결국 누구에게 힘을 실어주느냐는 것도 현실적인 문제다.

11   같은 글, 112

여기서 잠시, 게이 커뮤니티의 여성혐오에 관해 살펴보겠다.

게이 커뮤니티는 여성혐오 집단인가?

게이 커뮤니티에서 일부 동성애자가 여성을 '뽈록이' 또는 '보지충' 등으로, 레즈비언을 '가위충'으로 폄하한다는 사실이 알려졌다. 또한 여성적인 게이를 '끼순이'로 부른다거나 자신의 성기를 '뒷보지' 등으로 지칭한다는 것도 알려졌다. 게이 커뮤니티의 여성혐오 문제에 대해서는 일부 메갈리안의 동성애혐오를 준용해서 앞에서 설명했던 소수자 집단끼리의 혐오나 교차성 문제를 똑같이 지적할 수 있을 듯싶다. 게이 커뮤니티의 여성혐오 역시 여성에 대한 기존의 편견과 멸시를 활용하고 여성 억압의 문제를 도외시한다는 점에서 같은 비난을 피할 수 없다. 게이 커뮤니티의 어떤 용어는 실제로 공동체 외부의 헤테로 여성이나 레즈비언이라는 다른 소수자 집단을 비하하는 방식으로 '사용'되고 있다. 다른 소수자 집단을 향해 박해적인 혐오발언을 사용할 경우엔 그런 비하를 재생산하고 조장할 수 있다는 점에서 이들은 여성혐오나 레즈비언 혐오에 대한 책임에서 결코 소수자의 특권을 내세워 면죄받을 수 없다. 메갈리아의 경우와 마찬가지로 게이 커뮤니티의 여성혐오 역시 그들이 사회적 약자라는 "피해자의 특권은 그것이 하나의 종속된 집단 사람이 다른 종속된 집단을 향해 비난을 퍼붓도록 사용될 경우"(Matsuda 1993) 문제가 되는 것이다.

그런데 약간 결이 다른 지점이 있다. 게이 커뮤니티의 많은 은어, 예컨대 '끼순이'나 '뒷보지' 같은 말은 여성성에 대한 단순한 모방이 아니라 동성애자가 자기 정체화를 위해 여성성을 전유하고 재의미부여하는 기능을 한다. 다시 말해 메갈리안의 미러링처럼 젠더 규범을 전유하고 인용하여 자기 정체화에 사용하고자 한 시도인 것이다. 이 점에서 게이 커뮤니티의 이런 용어는 단순히 여성혐오 발언이라고 볼 수 없다.

> 동네 게이 식당 주인이 휴가로 문을 닫을 때, 식당 주인은 "**그녀**가 과로해서 휴식이 필요해요"라는 푯말을 내건다. 이러한 게이의 여성성 전유는 그 용어의 적용이 가능한 장소를 증식시키도록, 기표와 기의의 자의적인 관계를 노출시키도록, 그리고 그 기호를 탈안정화하여 동원하도록 작동한다. 이것이 여성성을 식민화하는 "도용"인가? 내 느낌엔 그렇지 않다. 그런 비난은 여성성이 여성에게 속한다는, 말할 필요도 없이 의심스러운 전제를 가정한다.[12]

이런 용어는 때로는 여성스러운 게이를 비하할 때 쓰이기도 하지만 '보지'와 같은 성기중심주의적 용어를 차용하여 여성성이 여성에게만 속한다는 성적 본질주의를 비틀고 게이가 '자신에게도 (뒷)보지가 달려 있다'는 식으로 재주장한다. 따라서 이 용어는 "게이의 여성성 전유"이며, 이 용어가 여성에게만 속한다는 견해는

12   Butler 1990: 122-123

오히려 "여성성이 여성에게만 속한다는 말할 필요도 없이 의심스러운" 성적 본질주의를 강화하는 결과를 낳을 수 있다는 것이 버틀러의 주장이다. 또한 마리 J. 마쓰다의 다음 견해를 살펴보자. 그는 "특정한 예속된 공동체의 관습은 인종차별적인 욕설을 일종의 재치 있는 말장난으로 관용할 수 있기 때문에 이 경우 역사와 맥락이 중요하다"고 주장한다. '끼순이'나 '뒷보지' 같은 용어는 게이 커뮤니티의 '일종의 재치 있는 말장난'으로 관용될 수 있는 측면이 있다. 계속해서 마쓰다의 주장을 들어보자.

> 특정한 예속된 공동체의 관습은 인종차별적인 욕설을 일종의 재치 있는 말장난으로 관용할 수 있기 때문에 이 경우 역사와 맥락이 중요하다. 이것이 사실인 경우 공동체 구성원은 무엇이 인종차별적 비하이며 무엇이 아닌지에 대한 분명한 의미를 갖는 경향이 있다. 언어가 박해적이고, 혐오적이며, 비하적인지 아닌지를 결정함에 있어서 적절한 기준은 수신자 공동체의 기준이다. 우리는 언어적인 규범과 문화적인 규범을 오해함으로써 우리가 종속의 구조를 더 견고하게 하지 않도록 주의해야 한다.[13]

그렇다. 억압이 젠더에만 있는 것이 아니라 다양하다는 구조적 교차성을 도외시하고서 여성혐오에만 초점을 둔다면 혐오가 중첩적으로 동시에 작동하고 있다는 사실을 놓치게 될 뿐 아니라, 또한 혐오에 종속된 다른 집단의 고통을 삭제해버릴 위험이 있다.

---

13   Matsuda 1993: 39-40

우리가 만일 다른 소수자 집단의 자생적인 역사와 맥락을 지우고서 그들의 "언어적인 규범과 문화적인 규범을 오해"하거나 "기존의 계급관계는 유지하는 반면 오로지 특정한 억압적 관행에만 이의를 제기"(Crenshaw 1993)할 경우, 결과적으로 이는 종속의 구조를 더욱 견고하게 하며 다양한 억압 체계에 종속되는 자들을 주변화해버리게 된다.

정치적 교차성

소수자운동이 빠지는 함정

이런 식의 소수자 집단 간 갈등, 즉 여성운동과 동성애운동의 갈등은 여성혐오 세력이나 동성애혐오 세력에게 어부지리의 기회가 된다. 예컨대 여성운동이나 동성애운동이 어느 하나의 혐오에만 집중하는 경우, 간혹 서로를 배제시키게 된다. 소수자운동끼리 투쟁 과정에서 서로 대립하게 되는 것이다. 크렌쇼는 이러한 소수자운동 사이의 대립 혹은 모순을 "정치적 교차성political intersectionality"이라 일컫는다. 이 용어는 인종과 젠더에 관한 정치적·담론적 실천이 종종 유색인종 여성을 삭제함으로써 상호 관련되는 서로 다른 방식을 지칭한다(Crenshaw 1993).

특정한 약점 혹은 폐해는 때때로 별개의 억압 체계의 역학

관계로 부터 나오거나 이를 반영하는 또 하나의 약점에 의해 악화된다. (…) 몇몇 쟁점의 경우, 인종에 주목하는 틀과 젠더에 주목하는 틀은 대립적이며 잠정적으로 모순적이다. 이러한 담론은 불가피하게 타자의 정당성을 방지하는 각각의 정당성을 갖는 이거나/또는$^{either/or}$ 명제로 종종 제시된다. 이러한 대립성의 표명은 인종 억압이나 젠더 억압의 역동성을 암묵적이거나 명시적으로 정당화하는 반인종주의 및 여성주의의 수사적인 태도에서 발견된다.[14]

이를테면 "남성 동성애자가 여성을 '뽈록이'라고 부르며 혐오한다더라", "동성애 합법화가 되면 남자 둘이서 버는 가정이 그 경제력을 바탕으로 이성애 여성이나 레즈비언 가정을 몰아낼 것이다" 같은 동성애혐오 세력의 선동적 혐오발언은 동성애자에 대한 차별을 정당화하기 위해 다른 차별 기제인 계급이나 젠더 문제를 끄집어냄으로써 물타기를 한다. 이들은 동성애자를 공격하기 위해 다른 약자의 목소리를 대변하는 척 계급, 인종, 젠더(가난한 흑인 이성애자, 여성혐오 등) 등 다른 소수자를 내세우고 동성애운동과 여성운동의 긴장관계나 혹은 부유한 게이와 가난한 흑인의 대립을 부추김으로써 자신이 행하는 차별이나 편견을 정당화하는 근거로 삼는다. 또한 이런 발화는 유서 깊은 여성혐오와 계급 격차 문제를 동성애자에게 환원하여 마치 그들이 다른 억압의 원인인 것처럼 눈속임한다. 동성애자 역시 계급이나 인종, 젠더에 걸쳐서 다양한 차별을 경험한다는 사실은 은폐하면서 말이다.

14   Crenshaw 1993: 114-116

마찬가지로 "메갈리아는 성 소수자 비하 집단이다", "지배계급 여성이 받는 차별은 노동자 계급 여성이 받는 차별과는 비할 바가 못 된다" 등의 발화 역시 '노동자 계급 여성'이나 '성소수자' 당사자의 목소리에서 나온 맥락이 아니라 그 외부의 제3의 누군가가 젠더라는 독자적인 억압의 축을 은폐하고 여성운동을 와해시키기 위해 계급운동, 동성애운동 등의 '정치적 교차성'을 활용하는 사례다. 이들은 한쪽을 공격하고자 다른 한쪽을 내세워 이용한다. 이 모든 발화는 권력이 매우 중층적이며 계급만으로 모든 권력 관계를 설명할 수 없다는 것 즉 '구조적 교차성'을 도외시하고 있으며, 젠더나 섹슈얼리티, 민족, 인종 같은 억압은 교차적으로 존재한다는 사실을 은폐하여 여성운동이나 동성애운동 어느 한쪽을 무력화시키기 위해 갈등을 증폭시킨다.

혐오의 전략은 이처럼 한쪽을 혐오하기 위해 그와 갈등하는 다른 한쪽을 내세워서 공격하는 '정치적 교차성'을 이용하기에 이르렀다. 동성애자가 겪는 억압을 메갈리아와 워마드의 혐오발언으로 인한 것으로 환원하거나 메갈리아가 제시하는 여성 차별과 여성혐오에 관한 의제를 묵살하고 오로지 그들의 동성애혐오발언만 부각하는 식으로 갈등을 부추기고 있는 것이다. 여성혐오자가 여성을 공격하기 위해 여성의 게이 혐오를 끌어오거나 동성애혐오자가 동성애자를 공격하기 위해 동성애 커뮤니티의 여성혐오를 과장하기도 하는 상황에서 지속적인 운동의 길을 찾아야 한다. 이때 특정한 소수자 혐오에만 주목하지 않고 교차성을 염두하는 일이 반드시 필요하다.

7장

메갈리아가
이루어낸 것

이 장에서는 메갈리아가 갖는 의의를 크게 세 가지 측면으로 나누어서 살펴보고자 한다. 첫 번째로는 여성혐오발언의 가해자에 주목하여, 혐오발언에 대한 전유나 전복은 혐오발언을 재맥락화하고 재의미화하며 혐오발화자를 역으로 침묵시키기 때문에 결국 혐오발언의 관습을 교란한다는 케이트 아이크혼의 논의를 살펴볼 것이다. 두 번째로는 여성혐오발언 피해의 문제에 주목하여, 혐오발언 피해자의 대항 발화가 혐오발언의 피해를 경감시킨다고 주장하는 캐서린 겔버의 논의를 살펴보겠다. 나아가 세 번째로는 근본적으로 발화와 정치적 권력의 문제에서 약자의 저항 발화가 갖는 의미를 논해볼 것이다. 특히 사회적 약자의 표현의 자유 문제는 곧 정치적 평등의 문제와 직결된다는 윌리엄 B. 루벤스타인의 논의를 살펴보고자 한다. 이 장에서 주장하고자 하는 바는 단순하다. 메갈리아는 단지 특정 커뮤니티, 혹은 특정 혐오만의 문제가 아니다. 그것은 사회적 약자의 언어로 행위할 수 있는 역량과 능력, 발화와 권력 간의 관계라는 보다 정치적인 문제를 제기한다.

혐오발언 전유하기

"김치녀 그거 완전 칭찬 아니냐?"

"너 왜 이렇게 예민해? 그날이야?"라는 혐오발언을 "너 왜 이렇게 예민해? 내일 군대 가?"라는 식으로 전유하는 경우, 이런 발화행위

로 인해 기존 혐오발언을 행하는 능력은 약화된다. 여성혐오발언
에 대한 전복과 전유가 여성혐오자를 역으로 침묵시킬 수 있는 메커
니즘에 관해서는 5장에서 이샤니 마이트라의 분석을 통해 살펴보
았다. 이에 따르면 메갈리아는 혐오발화자의 권위를 박탈함으로써
혐오발언을 줄이는 데 기여하고 있다. 누군가가 "의무는 이행 안 하
고 권리만 주장하는 이기적인 김치녀"라고 발화할 때 청자가 "당당
하고 주체적인 김치녀 그거 완전 칭찬 아니냐?"라고 되받아치는 경
우, 모욕을 하려던 화자의 의도는 좌절되며 '김치녀'에 내포된 기존
의 의미는 재의미부여를 통해 흔들리게 된다. 이 재의미부여는 '김치
녀'라는 어휘가 욕설로 행해질 수 없게 만드는 힘을 가질 수 있다. 잠
시 주디스 버틀러 자신의 경험을 다소 길게 인용해보겠다.

> 언젠가 버클리 대학 캠퍼스를 걷고 있었고 어떤 아이가 창
> 문에 기대서 "너 레즈비언이니?"라는 식으로 물었던 것
> 이 기억난다. 나는 대답했다. "응 나는 레즈비언이야." 나
> 는 그것을 긍정으로 되돌려줬고 이는 완전히 즉흥적인 것
> 이었다. 그것은 아무데도 없는 곳으로부터의 호명이었다.
> 물론 그 질문자가 정말로 묻고 있는 것은 다음과 같은 것이
> 다. "너는 내가 두려워하고 혐오하는 이것이니? 최소한 네
> 생김새로 보자면 그런데, 건방지게 감히 그렇다고 대답할
> 거니? 그리고 내가 너에게 제기하는 이 질문을 통해 너를
> 폭로하고자 하고 있는 한, 나는 너에 대해 권력을 가지고
> 있어." 내가 재빨리 뒤돌아서 "응, 나는 레즈비언이야"라

고 말할 수 있었던 만큼, 내 대화 상대자의 권력은 상실되었다. 나의 질문자는 누군가—다른 맥락에서 그 용어를 해체하는 데 인생의 대부분을 쓰는 누군가—가 용감하고 자랑스럽게 그 용어를 떠맡은 것을 듣게 됨으로써, 일종의 충격 속에서 떠났다. 그것은 매우 강렬한 것이었다. 내가 그 용어에 권위를 부여한 것이 아니었다. 나는 그 용어를 받아들여서 되돌려줬을 뿐이다. 따라서 나는 그것을 재연하고, 반복했을 뿐이다. (⋯) 마치 내 대화 상대자는 "야, **레즈비언**이라는 말을 가지고 우리는 뭘 해야 하지? 우리가 그걸 계속 써야 해?" 이렇게 말하고 나는 "응 **이런** 식으로 써보자!"라고 말한 것 같았다. 혹은 창문에 기대 선 내 대화 상대자는 "야, 너는 **레즈비언**이라는 말이 길거리에서 비하적인 방식으로만 사용될 수 있다고 생각해?"라고 말하고, 나는 "아니, 길거리에서도 주장될 수 있어! 같이 해보자!"라고 말하고 있는 것 같았다. 우리는 협상 중이었다. 내가 무엇을 그 사람에게 되돌려준 걸까? 글쎄, 나도 잘 모르겠다. 이 사람은 같은 대화를 또 행할까? 어쩌면 내게 질문한 자는 정말로 이것이 알고 싶었는지도 모른다. "야, 너 레즈비언이야?" "그렇다고 주장할 거야, 안 할 거야?" 그것이 내게 제기되고 있던 질문이었다. "너 주장할 거야 안 할 거야?" "난 주장할 건데." "오, 주장할 거구나. 그게 주장될 수 있니?" "응, 주장될 수 있어!" "어 이거 봐라. 주장될 수 있구나!" 이 사람은 이후 이것이 더 이상 비하로 작동하지 않을 거라는 데, 혹은 주장하는 것이 가능하다는 데 주목했을 수도 있다. 어쩌면 그 사람은 주장하는 데 약간의 도움을 필요로 했던 것일 수도 있다. 우리는 모른다. 그러나 그 질문이 어떻게 기능할 것인가에 대한 무언가를 선명하게 했기 때문에, 이는 매우 흥미로운 순간이었다. 이 말은 상처로 쓰일 것인가, 아니면 다른 목적을 위해 이용될 것인가? 혐오발언과 같은 것에는 전달되는 어떤 도전이 존재한다. "너 레즈비언이니?" 이것은 혐오발언인가? 나도 잘 모르겠다. 내 생각에 사실 내 대화 상대방은 그것이 혐오발언인지 아닌지를 내게 묻고 있는 것 같았다. "내가 너한테 전달하고 있는 이거, 혐오발언이니?" "아니, 그건 혐오발언일 필요가 없어."[1]

버틀러는 혐오발언에 대한 전복의 또 다른 사례로 '퀴어'라는 말에 대한 가치 전도를 꼽고 있다. 원래 퀴어라는 용어는 동성애자에게 수치심을 주기 위한 비하적인 용어였다. "전통적으로 '퀴어'라는 말은 무엇보다 학대의 용어로 작동했었다. 그것을 통해 이루어졌던 언어적 실행의 목적은 그것이 명명하는 주체를 수치스럽게 하려는 것이었다. 이 말은 그것으로 겨냥하는 자에게 낙인을 찍고자 사용되었다(부분적으로 누군가는 보다 넓은 의미에서의 동성애혐오주의 전략을 가정한다) (Lloyd 2007)." 그런데 이를 동성애자 공동체가 긍정적으로 전유하여, 낙인과 비하에서 축하와 긍정의 의미로 전복시켰다.

1   Butler 2000: 759-760

그런데 1990년대 초반 이후 그 용어는 급진적인 재의미화 작용 즉 재의미작용을 겪었다. 최소한—일부 장소에서 퀴어라는 말은 동성애에 대한 혐오 대신 그것의 축하라는 새로운 의미가 그 부정적 낙인을 대체했다. 퀴어 이론가와 퀴어 활동가들에 의해 계속해서 긍정적 실천의 일환으로 반복된 퀴어 사용은, 버틀러의 판단에 따르면, '전적으로 고통을 주도록 확립된 맥락이 제거'되게끔 작동했다. 그 낱말은 집단적 저항의 장소가 되었다. 그것은 재주장되었으며, 개방되었고, '긴급하고 확장된 정치적 목적의 방향으로' 전환되었다. 따라서 버틀러에 따르면, '퀴어성[queerness]'을 공적으로 단언하고 다니는 것은 동성애의 배제/거부[abjection]를 저항과 정당성으로 재의미화하기 위한 목적으로, 인용성의 장소인 수행성을 실행하는 것이다.[2]

이처럼 "'퀴어'라는 용어는 애초 그것을 수치스러운 것으로 취급했던 공적 영역에 대고 그 주체를 열어 보이면서 의미 변화가 이루어졌던 경우다. 그 용어에 대한 최근의 재전유는 그 모든 호명의 불안정성의 사례를 제공한다"고 바에즈는 말한다. 퀴어는 본래 '창피한 주체'를 호명하고 있었으나 재전유를 통해 이제 이 말은 원래의 모욕적 부름에 반하는 호명의 기회를 갖게 되었다. "그와 같은 '반란적 행위', 혹은 사회적인 '권위의 인가'가 없는 행위는 창피한 대화에 대한 적절한 대응을 제공"했다(Baez 2002). 버틀러에 따르면 '퀴어'라는 용어에 대한 가치 전도는 "발화가 자신의 발화자에

2   Lloyd 2007: 121

게 다른 형태로 '되돌아올' 수 있다는 것, 자신의 원래의 목적과 반대로 인용될 수 있으며 효과의 반전을 수행할 수 있다는 것"을 보여주었다(Butler 1997).

퀴어라는 말은 30년 전(심지어 20년 전이나 15년 전에도)에는 하나의 언어 행위로서 심각하게 비하적이며 위협적이었다. 나는 그 말에 대해 커다란 공포 속에서 살고 있었던 것을, 내가 그 말의 적합한 대상임을 알고 있었던 것을, 그것이 일단 나에게 실제로 도달한다면 나는 영원히 낙인 찍힐 것이며 그 낙인은 나를 완전히 죽일 거라고 생각하고 있었던 것을 기억한다. 10년에서 12년 전 **퀴어**가 어떤 용어가 되기 시작했을 때, 사람들은 묻곤 했다. "뭐라는 거야. 우리가 **퀴어 이론**이라는 잡지라도 내놓아야 한다는 거야?" 나는 생각했다. "오, 주여, 우리가 그 말을 써야만 하나요?" 나는 여전히 붙잡혀 있었다. 나는 여전히 "우리가 이 말을 떠맡아야만 하나? 너무 상처가 되지 않을까? 우리가 그것을 어쨌거나 되풀이할 필요가 있을까?"라고 생각하고 있었다. 나는 여전히, 사실상 너무나 고통스러운 말이기에 그것이 어떤 생산적인 방식으로 반복될 수 있다고 상상하기가 매우 힘들었다. 그러나 나는 어떤 맥락에서 긍정적인 실천의 일환으로 **퀴어**라는 말을 되풀이해서 사용하는 것은 그것으로부터 전적으로 상처가 되는 기존의 맥락을 제거하며, 그것이 언어를 되찾는 것에 대한, 어떤 일종의 용기에 대한, 낙인화를 보다 축복적인 것으로 변형시킬 수 있는 가능성에 대한 것이 되었음에 주목했다. 따라서 나는 괜찮다고 확신하게 되었다. 이제 나는 캘리포니아 대학 당국이 "퀴어 연구"를 이런저런 교육 단위에 포함시키는 것이 적절한가를 고민하고 있다는 말을 듣는다. 그리고 그것은 빛을 바라지 않는다. 물론 이 도시에서조차 우리가 그 용어를 사용할 수 없거나 사람들이 상당히 언짢아하거나 사실상 어떤 종류의 폭력을 야기할 수 있는 경우가 존재한다. 내게는 우리가 변하기 쉽게 기능하는 언어적 풍경 속에 있다는 것이 흥미롭다. 당신이 그것을 말할 때, 그것이 무엇을 하게 될지 당신은 모른다.[3]

바에즈도 말했듯, 욕설은 그것이 사회적 지배의 관습에 의지하는 한에서 작동한다. 그리고 이를 향한 반란적 저항은 그 욕설을 탈환하고 그것을 '권위' 없이 사용함으로써 그것의 관습을 빼앗을 수 있다. '퀴어'라는 용어에 대한 학적인 전유는 이것을 잘 보여주는 하나의 사례다. 따라서 "특정한 공적 영역을 산산조각 내면서, 혐오발언은 역설적으로 모욕적인 지명에 이의를 제기할 수 있는 또 다른 종류의 공간을 가능하게 만들 수 있다." 물론 기존의 욕설을 탈환하기 위해 누군가의 지명指命에 이의를 제기하는 데에는 모험이 존재한다. 즉 어떤 경우, 이의 제기가 더 창피스러운 지명을 촉발하거나 추가적 상처를 안겨줄 수도 있다. 그러나 또 다른 모험 또한 존재한다. 즉 "이의 제기는 원래의 지명을 이길 수 있으며, 그렇게

3   Butler 2000: 759

함으로써 수치스러운 대화에 귀를 기울이는 것을 거부하고 변화를 위한 무대를 설정하는 다양한 공적 공간을 가능하게 만들 수 있다(Baez 2002)."

이샤니 마이트라의 논의에서도 보았듯이, "된장녀? 그거 내 희망사항이야", "김치녀 그거 완전 칭찬 아니냐?"라는 식의 혐오발언에 대한 재–선동/인용re-inciting은 상처를 주는 말의 권력을 강화하는 것이 아니라, 역으로 혐오발언을 줄여주고 있다. 어떤 발언이 반드시 혐오발언이 되는 필연성은 존재하지 않는다. 이렇게 혐오발언이 전혀 다른 기능으로 이용되거나 심지어 '저항의 도구'가 될 수 있는 지점은 발화가 맥락 이탈과 기생적인 용법에 취약하다는 데 있다. 바에즈에 따르면 "모든 언어는 **인용되는** 것에, 즉 따옴표 사이에 놓이는 것에 민감하며, 그렇게 됨으로써 언어는 절대적인 정박점의 중심이 없는 새로운 맥락의 무한을 낳으면서 모든 주어진 맥락과 단절할 수 있다(Baez 2002)." 본래 차별적이고 비하적으로 사용되는 맥락이 인용이나 반복가능성에 취약하다는 것은 그 자체로 변화를 위한 무대를 제공한다. 버틀러는 "반복가능성이 자신의 수사적인 작업을 어떻게 행하는가를 생각한다면, 그 말이 어떤 목적으로 쓰일 것인가에 대한 질문이 항상 존재한다"고 덧붙이면서, 어떤 말이 상처로 연결되는 데에 필연성은 없다고 강조한다.

우리는 말을 상처에 재–연결re-link하고 탈–연결de-link할 수 있으며, 우리는 그것이 어떻게 연결되고 이탈되는가를 심문하고자 할 수 있지만, 상처가 되는 언어를 반복하는 전체의 목적은 말 그 자체와 말이 수행하는 상처의 관계가 궁극적으로는 자의적이라는 것을 보여주기 위한 것이다.[4]

이 모든 것이 의미하는 바가 무엇인가? 바로 오염되어 있는 혐오발언을 정화함으로써, 메갈리아는 혐오발언의 기능을 약화시키고 해체하고 있다는 것이다. 레이 랭턴은 혐오발언이나 포르노그래피가 피해자를 침묵시키고 발화불가능하게 만든다는 주장을 고수한다는 점에서 버틀러와 대립하며, 또한 버틀러가 찬양하고 환호하는 재의미작용이나 전유가 쉬운 일이 아니기에 그 유용성에 의심을 갖는다. 그러나 그 역시 혐오발언에 대한 전유나 전복이 혐오발화자를 역으로 침묵시킨다는 주디스 버틀러의 주장을 일부 인정한다.

욕설이 전유되어 안정화되는 경우 그것은 어쩌면 자신의 말을 가지고 무언가를 행할 것을 의도하고 있는 인종차별주의자의 권력을 상당히 약화시킨다. 즉 그것은 일부 사람들을 좋은 방식으로 침묵시킨다. 게이 공동체가 '퀴어'라는 욕설을 '퀴어 네이션'이라는 자기 명명으로 포용하는 경우, 그것은 어쩌면 동성애혐오자가 '퀴어'를 욕설로 사용할 수 있는 능력을 약화시킨다.[5]

메갈리아의 말대꾸는 주로 온라인 가상공간을 통해 혐오발언의 힘을 파괴한다. 문화이론가 케이트 아이크혼은 혐오발언이

---

4   Butler 2000: 761
5   Langton 2009: 115

다른 것으로 기능할 수 없다고 주장하는 발화내행위론자(랭턴, 매키넌 등)를 비판하면서, 온라인 가상공간에서의 "혐오발언에 대한 재-인용/선동하기"는 혐오발언의 의미와 힘을 몰락시키고 해체할 수 있다고 주장한다. 언어적 행동을 차별적 행동으로 확립시키는 법학 이론가의 시도는 '말은 행위할 수 있다'는 가정에 기반해 있다. 그러나 아이크혼은 이때 혐오발언의 발화내행위적 지위를 당연시할 수 있는지 묻는다. "혐오발언은 자신의 의도된 피해자를 종속시키도록 항상 행위하는가? 아니면, 혐오발언은 자신의 상처를 주는 권력이 전치되는 방식으로 때때로 재사용될 수 있는가?(Eichhorn 2001)"

> 우리는 혐오발언의 재-선동/인용하기re-in/citing는 상처를 주는 말의 권력을 반드시 강화하는 것이 아니라, 그 같은 말의 의미와 힘의 몰락을 가능하게 하는 미끄러짐의 양상을 낳을 수 있다고 결론 내릴 수 있다. 다시 말해, 혐오발언을 반복하는 것은 반복을 혐오발언을 행하고 몰락시킴doing and undoing에 있어 중요한 것으로 만들기 때문에 혐오발언의 상처를 줄 수 있는 권력을 보장하기도 하지만, 역설적으로 그것이 종속시키고자 겨냥한 바로 그 사람들에 의해 재주장될 수 있는 잠재력을 보유하고 있는 듯 보인다.[6]

아이크혼의 논의는 혐오발언의 의미와 힘을 다른 맥락에서 탈환하여 몰락시키는 것이, 혐오발화자의 권력을 교란할 뿐 아

6   Eichhorn 2001: 298

니라 혐오발언의 피해자가 느끼는 수치심을 완화시켜서 언어적인 역량과 능력을 되찾게 도와줄 수 있음을 함의한다. 나아가 그는 폴 비릴리오의 속도에 대한 이론화(1986)를 인용하면서 사이버 공간이 혐오발언의 양을 증가시킬 수는 있지만, 동시에 그런 사이버 공간의 특성이 혐오발언에 대한 좀 더 직접적이고 근본적인 재맥락화 가능성을 개방한다고 주장했다. 메갈리안은 여성혐오로 인해 침묵당하거나 수치를 겪기를 거부한다. 그들은 바에즈의 표현대로 "예측불가능하거나 기생적인 방식으로 언어의 힘에 대응하기"를 선택했다. 이러한 반란과 재전유를 통해 이들은 혐오발언의 수신자가 어떤 대화의 '지명'에 이의를 제기할 수 있다는 것, 그리고 치욕을 씻어내는 이의 제기를 통해서 또 다른 대화를 만들어낼 수 있다는 것을 보여주고 있다. 혐오발언은 누군가에게 수치심을 준다. 그러나 지금까지 살펴보았듯 "수치심은 누군가의 이의를 통해 치워질 수 있는 것"이며 이때 혐오발언은 그 용어에 대한 공격적인 재전유, 혹은 담론적 저항을 통해 이의를 제기받고, 이로써 약화될 수 있다. 메갈리아는 이를 보여주는 훌륭한 사례일 것이다.

메갈리아의 미러링은 사이버 공간에서의 혐오발언의 힘을 약화시킬 뿐 아니라, 나아가 혐오발언 피해자의 대응 능력을 키워줄 수 있다. 따라서 메갈리아의 말대꾸는 혐오발언에 맞서는 데 효과적으로 기여한다. 존 엘스터는 저서 『숙의 민주주의Deliberative Democracy』에서, 혐오발언과 같은 나쁜 말에 대항하는 말대꾸는 실제로 그들을 변화시키거나 설득해내지 못했다 하더라도 최소한 겉으로는 위선적인 척을 하도록 유도할 수 있다고 주장한다. 캐서린 겔버 또한 그의 저서에서 존 엘스터를 인용하면서 혐오발언에 대한 이의 제기는 혐오발화자의 태도나 행위를 변화시킬 수 있다고 주장한다.

공동체의 대항 발화가 장기간에 걸쳐 행위에서의 변화를 달성할 수 있다는 생각은 새로운 것이 아니다. 예를 들어 존 엘스터는 공적 토론의 체계는 사람들로 하여금 그들이 호소하고 있는 공동체에 수용될 수 있다는 측면에서 말할 수 있도록 고무시킬 것이라고 주장한다. 엘스터는 이를 "위선의 교화시키는 힘", 즉 적어도 어떤 생각의 공적 토론은 화자로 하여금 "천한 동기"를 숨기도록 강제하거나 유도하는 사상이라고 일컫는다(Elster 1998). 내 논증은 대항 발화가 장기간에 걸쳐서 혐오발화자의 타당성 주장에 이의를 제기해 그들의 행위나 심지어 태도를 변화시킬 수 있다는 것이다. 혐오발언이 수신자 청중을 공동체의 눈으로 볼 때 위엄 있게 만드는 바탕이 될 수 있다는 지식은, 혐오발화자가 혐오발언에 참여하는 것을 단념하도록 할 수 있다.[7]

7   Gelber 2002: 121−122

말대꾸하기

혐오발언에 맞서는 최고의 전략

혐오발언에 대해 말대꾸를 하는 것은 혐오발화자의 목표한 의도 (수치심 주기, 모욕감 들게 하기, 침묵시키기 등)를 좌절시킬 뿐 아니라, 피해자의 언어적인 역량을 신장시킨다. 사람이 살아가는 데 있어 언어 표현은 중요하다. 캐서린 겔버는 "표현은 무수한 인간 역량에 핵심적인 것"으로서, 훌륭한 인간적인 삶을 이루는 데 다양한 방식으로 관여한다고 주장한다. 겔버는 아리스토텔레스로부터 누스바움에 이르는 인간의 역량에 대한 논의를 이어받아, 자신의 삶을 계획하고 결정하고 사유할 수 있는 인간의 역량과 잠재력에 표현이 핵심적이라고 보았다.

> 표현에 참여하는 것이 거의 무수한 방식으로 인간 개발을 돕는다는 사실에는 의심의 여지가 없다. (…) 표현의 자유는 실천이성과 제휴의 기능에 핵심적이며 또한 상상하고, 사유하고, 반성하고, 계획하고, 다른 사람과 관계를 맺는 데 핵심적인 듯 보인다. 표현은 따라서 독특한 인간적인 삶을 살아가는 데 핵심적이며, 이런 이해에 상응하는 표현 정책은 모든 이가 표현의 자유를 행사할 수 있도록 하는 것을 무엇보다도 우선시한다. (…) 사상, 지식, 의견을 의사소통할 수 있는 도구로서 표현에 참여하는 것은, 인간의 발전에 핵심적인 활동이다. 개인적인 자기 발전을 위해 표현 활동에 참여

하는 것의 중요성을 강조하는 한에서 말이다.[8]

이처럼 표현 행위가 인간에게 있어 근본적 중요성을 갖는
다고 할 때, 혐오발언행위는 "현실적·잠재적 피해자 등이 그들 스
스로의 언어 행위로 대응할 수 있는 능력에 실질적인 장애를 실행
한다". 혐오발언은 해당 발언의 청자의 삶의 질을 손상시키며, 인간
으로서 개인의 핵심 역량이 번성할 수 있는 조건을 저해한다. 여기
서 겔버는 랭턴의 이론을 끌어온다. 혐오발언이 피해자를 침묵시켜
서 인간의 표현 역량을 약화하기 때문에, 피해자의 대항발화 즉 말
대꾸가 무엇보다도 중요하다는 것이다.

> 만일 일부 표현이 일부 사람들에게 있어서 인간 역량의 개
> 발과 행사에 역효과를 낳는다면, 어떤 역량의 틀 내에서의
> 적절한 대응 개발이 정당화될 수 있는 것 같다. 하나의 타
> 당한 대응은 표현 활동에 참여하여 얻는 이익의 극대화를
> 추구함으로써, 일부 사람의 표현이 지니는 억제시키는 효
> 과에 대항하기를 도모하는 것이다. 이는 혐오발언에 대한
> 어떤 대응을 발생시킴으로써 혐오발언의 수신자가 표현의
> 자유를 행사하는 데 참여하는 것을 돕는 조건을 제공하는
> 역할을 할 수 있다.[9]

'훌륭한 입법자'는 시민의 역량을 발휘할 수 있도록 지원
을 해줘야 한다는 아리스토텔레스의 논의와 이를 현대 정치에 적용

8   Gelber 2002: 42-44
9   같은 글, 45

한 누스바움의 역량 이론을 끌어들이면서 겔버는 아예 국가가 혐오발언 수신자의 말대꾸를 지원하고 보조해줘야 한다고 주장한다. 혐오발언의 침묵시키는 효과로 인해 피해자가 언어적으로 행위할 수 있는 역량이 감소했다면, 이를 시정하기 위해 국가가 그 피해자의 말대꾸를 보장하고 권장해야 한다는 것이다. 겔버는 이를 '말대꾸 정책speaking back policy'이라고 정의한다. 이는 혐오발언이 피해자들에게 미친 부정적 영향을 극복하기 위해 제도적, 물질적, 교육적으로 지원을 해주는 능력 지향적 발화 정책을 의미한다. 국가는 혐오발언 행위의 효과를 논박하고 대항하고자 하는 자를 정책적으로 지원할 의무가 있다. 말대꾸 정책은 "그의 발화 능력이 타인에 의해 피해를 입는 자"가 이것에 대응할 수 있는 조건을 제공하고, 혐오발언의 피해자가 혐오발화자들의 주장을 논박하는 대안적인 타당성 주장을 제기하는 데 보조를 제공한다(Gelber 2002). 이 정책이 활용될 수 있는 사례는 다음과 같다.

예를 들어 길거리에서 우연히 혐오발언행위가 발생했다면, 피해자 그리고/또는 피해자 집단은 인근 지역 내에 배포할 신문 등을 제작함으로써 대응하는 방법을 선택할 수 있다. (…) 만일 어떤 혐오발언행위가 직장과 같은 좀 더 공적인 장소에서 발생했다면, 예비 대응화자는 그 직장 내에서 반인종차별 프로그램의 개발을 도울 수 있다. 만일 언론에서 혐오발언행위가 발생한다면, 대응화자는 동일한 시청자/구독자에 도달하는 동일한 매체에 반론의 권리를 요

구할 수 있다.[10]

　재밌는 것은 겔버는 이때 말대꾸의 대상인 "혐오발화자가 규정되거나 규정 가능할 필요가 없으며, 혐오발화자 개인이 혐오발언행위의 대응주체일 필요도 없다"고 주장한다는 점이다. 다시 말해 겔버는 "난 여성혐오를 한 적이 없는데 어째서 나까지 일반화해서 비판하느냐"라는 주장에 반대한다. 구체적인 혐오발화자가 너무나 많아 알 수 없거나, 혹은 가해자를 특정할 경우 피해 당사자의 신원이 노출될 수 있고 또한 피해자 개인의 노력으로는 한계가 있기 때문이다.

　　따라서 이런 종류의 정책은 혐오발화자의 신원을 알 수 없는 경우, 혐오발화자가 정보나 변론 요청을 따르기를 꺼리는 경우, 원고가 혐오발화자에 의한 위협을 느끼는 경우, 원고가 혐오발화자에게 개인적으로 그의 신원이 알려지는 것을 원하지 않기 때문에 진정을 철회하는 경우에서처럼 원고가 개인화된 해결 과정에 수반되는 절차적 한계에 시달릴 필요가 없다.[11]

　겔버의 이러한 말대꾸 정책은 그야말로 '일석이조'다. 왜? 말대꾸 정책은 표현의 자유를 강화해주며, 동시에 혐오발언 피해자에게 보상을 제공해주기 때문이다. 다시 말해 대부분의 혐오발언에 대한 규제는 불가피하게 누군가의 표현의 자유를 억압하지만, 이

10　　같은 글, 123
11　　같은 곳.

러한 말대꾸 정책은 그와 달리 표현의 자유를 강화시키면서 동시에 혐오발언 피해자의 참여를 보장한다. 따라서 겔버는 "능력 프레임 내에서 사회 정책의 1차 과제는 (처벌 지향적이거나 규제 지향적인 것이 아닌) 보조 지향적인 것"이라 주장하면서, 이전에는 대립적으로 여겨졌던 두 가지 표현 정책의 목적을 통합할 가능성을 제시한다. 즉 말할 수 있는 능력이 다른 이에 의해 방해받을 수 있는 자에게 도움을 제공함으로써, 표현의 자유를 보장하는 동시에 혐오발언의 피해를 개선하는 두 가지 목표를 함께 달성할 수 있다는 것이다.

> 따라서 역량 지향적인 표현 정책의 지향은 표현 활동에 **관여**하고 **참여**하는 것이지, 도리를 벗어난 표현을 규제하거나 처벌하는 것이 아니다. 역사적으로, 도리를 벗어난 표현은 처벌적이거나 규제적인 방식으로 다루어져왔다. 즉 벌금이나 징역이나 어떤 검열의 부과를 통해서 말이다. 도리를 벗어난 표현에 **대응**할 수 있도록 도움을 제공함으로써 그 표현을 다루도록 기획된 정책은 이런 정책 접근과 극명한 대조를 이룬다. 이 정책은 인간의 역량을 줄이는 것이 아니라, 그것의 **확장**을 겨냥한다.[12]

어째서 혐오발언에 대한 말대꾸가 중요한가? 우리는 1장에서 닐슨의 연구를 통해, 여성혐오발언이나 성희롱의 피해 여성은 그 발화를 무시하거나 내버려두기 쉽지만 이것이 그 혐오 메시지에 동의함을 의미하지 않는다는 것을 살펴보았다. 겔버에 따르면 이렇

12   같은 글, 47

게 혐오발언에 대한 말대꾸 즉 의사소통적 대응에 참여하기를 선택할 수 있는 화자는 이를 통해 두 가지를 행한다. 첫째로 그 언어 행위에 포함된 타당성 주장을 논박하고자 하고, 둘째로 어떤 대응의 발달과 형성에 적극적으로 참여함으로써 혐오발언의 발화효과행위를 무효로 만들고자 한다. 즉 말대꾸를 통해 혐오발화자의 주장을 논박하고 혐오발언의 주된 피해 효과로 논의되는 수치심이나 침묵을 거부하고자 하는 것이다. 따라서 겔버는 말대꾸가 매우 중요하다고 지적한다. 어떤 대응의 발달과 형성은 그것에 관여하고자 하는 자의 권력을 직접적으로 강화하기 때문에, 말대꾸는 혐오발언에 포함된 영향과 차별에 대응하고 논박하는 권력을 강화시키는 중요한 기능을 하는 것이다.

말대꾸에 대한 강조는, 메갈리아의 미러링이 갖는 의의를 명백히 입증해준다. 메갈리아의 말대꾸는 여성혐오의 효과를 경감시키고 완화시킬 뿐 아니라, 혐오발화자의 불평등 주장을 논박하고 혐오발언에 종속된 '침묵시키는 효과'를 극복하게 한다. 메갈리아는 이처럼 말대꾸를 통해 침묵시키는 권력을 극복하고 말할 수 있는 역량을 강화함으로써 자신들의 권력을 만들어나간다. 메갈리아의 방식은 언어와 권력이라는 본질적이고 핵심적인 문제를 건드리면서 질문을 던지고 있는 것이다.

언어의 전유와 말대꾸를 넘어

자유로운 평등은 가능한가

기존 권력 구조에서 여성은 "솔직히 결혼 상대는 총각이었으면 좋겠다"와 같은 발화를 수행할 수 없었다. 랭턴의 논의에서 살펴봤듯이 여성에게는 특정 맥락에서 발화불가능한 표현이 있었다. 아니, "안 돼", "하지 마"와 같은 인권과 직결되는 경고나 항의 같은 기본적인 발화도 수행할 수 없었다. 그러나 메갈리아의 미러링은 조용히, 그러나 강렬하게 많은 이의 코르셋을 벗겼으며 이들로 하여금 여성혐오를 인식하고 행동하게끔 만들었다. 따라서 메갈리아 현상은 단순히 혐오에 대한 전유나 말대꾸를 넘어서, 부지불식간에 여성의 발화 권력 신장, **정치적 평등**에 기여하고 있는 것이다.

윌리엄 B. 루벤스타인은 「레즈비언/게이 관점에서 본 혐오발언 논쟁The 'Hate Speech' Debate from a Lesbian/Gay Perspective」이라는 논문에서 소수자의 관점에서는 (표현의) '자유'와 (정치적) '평등'이 붕괴된다고 주장한다. 많은 이가 표현의 자유와 정치적 평등을 대립되는 것으로 간주한다. 이를테면 그는 혐오발언이 피해자에게 야기한 피해를 바로잡기 위해 혐오발언을 단속하고자 하는 이들은 다른 무엇보다 평등에 가치를 둔다고 본다. 그들은 주의 깊게 규정된 어떤 제한을 통해 더 커다란 평등을 달성하기 위해 표현의 자유와 기꺼이 타협하고자 한다. 특히 혐오발언을 둘러싼 논의에서는 누군가의 표현의 자유가 지나치게 비대할 경우 불평등에 처하는 이들이 존재한다고 그는 주장한다. 반면에 표현의 자유를 단속해서는 안 된다고 믿는 이들은 표현의 자유를 평등을 비롯한 다른 무엇보다도 우위에 둔다. 이들은 평등을 위해 표현의 자유를 제한하는 것을 받아들이지 않는다. 그러나 루벤스타인에 따르면 이 두 가지는 사실상 서로가 서로를 함축하고 있으며, 표현의 자유와 정치적 평등이라는 법적 범주의 순수성은 레즈비언과 게이의 경험을 통해 붕괴된다.

루벤스타인은 표현의 자유가 사실상 '평등'에 관한 것이라고 주장한다. 다시 말해 표현의 자유는 평등과 대립되는 '자유'에 관한 문제가 아니라, 사실상 정치적 평등을 함축하고 있다는 것이다. "표현의 자유는 평등에 관한 것이며 평등 보호는 말에 관한 것이다. 다시 말해, **표현의 자유는 평등에 대한 것이다**." 어째서 그럴까? 그것은 게이나 레즈비언 같은 사회적 약자의 권리를 쟁취하는 데 있어서 **말**, 즉 '표현의 자유'가 핵심적이기 때문이다. 다시 말해, 사회적 약자의 표현의 자유는 곧 정치적 평등을 함의한다. 말이 곧 정치적 권력인 것이다. "표현의 자유는 단지 표현의 자유뿐 아니라, 평등권의 내러티브를 그 내부에 포함하고 있다." 따라서 그는 표현의 자유가 그것이 단지 표현의 자유를 보호할 뿐 아니라 약자를 위한 **평등**의 가장 직접적이고 강력한 도구이기 때문에 중시되어야 한다고 주장한다(Rubenstein 1994).

예를 들어 국립대학이 동성애 학생 그룹이 캠퍼스에서 모일 권리를 부인하는 경우, 이는 단지 집회 및 결사의 자유에 타격을 주고 있는 것이 아니다. 비록 그렇게 행하고 있다 하더라도 말이다. 오히려 대학은 레즈비언과 게이는 다른 이와 평등하지 않다는 메시지를 보내고 있는 것이다. 표현의 자유가 우리의 단결권을 옹호하는 경우, 우리는 모두 다른 학생 그룹과 평등해지게 된다. 법원이 대학으로 하여금 레즈비언/게이 그룹을 인정하도록 했다는 학생신문을 읽을 때 그들은 "집회 및 결사의 자유가 또 승리했군"이라고 생각하지 않는다. 그들은 "퀴어가 승리했다, 그들이 학교를 이겼다"고 생각한다.[13]

루벤스타인에 따르면 사회적 약자의 언어 행위는 그 자체로 단지 표현의 자유뿐 아니라 그 집단의 정치적인 평등과 직결된다. 메갈리아의 언어 행위 역시 정치적 평등과 직결된 문제다. 이는 혐오발언을 둘러싼 논쟁에서 표현의 자유가 반드시 평등을 저해하는 것이 아니라는 점을 환기시킨다. 오히려 표현의 자유는 평등의 '무기'가 될 수 있다. 그는 평등권의 문제가 표현의 자유와 좀 더 긴밀하게 결부될 필요가 있다고 주장한다. 사회적 약자의 언어에 대한 억압을 고려한다면, "표현의 자유는 우리의 도구, 즉 현재 헌법적인 평등에 대한 우리의 가장 강력한 연장"이 될 수 있으며 이미 우리가 가지고 있는 그것을 주의 깊게 지켜야만 한다고 그는 주장한다. 이는 표현의 자유야말로 소수자의 가장 강력한 무기라는 놀라운 주장이다. 언어가 행위라는 개념은, 언어가 정치적 자유를 위한 도구라는 것과 밀접한 연관이 있다. 레이 랭턴은 사회적 약자에게 있어서 표현의 자유가 어째서 중요한지를 다음과 같이 설명한다.

---

13   Rubenstein 1994: 290

만일 말이 행동이라면, 침묵은 행위에 실패하는 것이다. (⋯) 표현의 자유는 사람들로 하여금 행위하는 것을 가능하게 하며, 사람들로 하여금 말로 무언가를 행하는 것—주장하기, 항의하기, 질문하기, 답변하기—을 하게 하기 때문에 좋은 것이다. 침묵시키는 말은 그것이 서가에서 이용 가능한 사상을 제약하기 때문이 아니라 그것이 사람들의 행동을 제약하기 때문에 나쁜 것이다.[14]

랭턴의 말대로 어떤 종류의 언어 행위를 수행할 수 있다는 사실 자체가 정치적 권력의 표지이며 언어 행위의 수행 능력 자체가 권위의 척도라면, 어째서 혐오발언의 피해자인 사회적 약자들에게 표현의 자유와 발화의 권력이 중요한가를 알 수 있다. 만일 메갈리아의 '반란적인 발화'가 박탈되어왔던 여성의 언어 권력을 증진시키고 역량을 강화시켜준다면, 이것만큼 정치적 평등에 기여하는 방법이 달리 어디 있단 말인가? 말할 수 있는 자유가 곧 정치적 권력을 의미하는데 말이다.

14   Langton 1993: 314

나가며

여성들은 살면서 무수한 침묵을 경험한다. 캐서린 매키넌에 따르면, 여성들은 '남성들'로부터 "화장 좀 해라", "나하고 안 자면 해고야" 같은 협박, 성희롱, 혐오발언을 늘상 경험한다. 뿐만 아니라 이런 경험을 호소하면, "그런 일 없었어", "네가 상상한 거야", "너도 원한 거 아니냐" 같은 반응을 겪는다. 여성혐오발언에 문제 제기를 하면 "네 다음 메퇘지"[1]라는 식의 무시를 겪어야 하며 여성혐오가 만연한 현실을 비판하는 즉시 "남성이 다 그런 게 아닌데 왜 일반화하시죠?" "본인한테 문제가 있는 거 같은데요?" 하는 말을 들어야 한다. '몰카'의 실질적 위협을 느껴 가해자 처벌과 방지 대책의 필요를 말하면 "님은 몰카 찍힐 걱정 안 해도 될 거 같은데요", 임신 중단 합법화를 주장하면 "엄마 왜 나 죽였어?"라는 조롱이 돌아온다. 이처럼 여성은 여성이기에 겪어야 하는 무수한 폭력 앞에서 조롱, 모욕, 묵살 속에 침묵당해왔던 것이다.

여성혐오자들은 여성들이 침묵이나 수치심, 분노를 경험하게끔 하려는 발화효과행위적인 목표perlocutionary goal를 가지고 이런 말들을 활용한다. 여성들은 데이트 폭력이나 신상 털이 등의 위협이 주는 공포심으로 인해 발화행위에는 재갈이 물리게 되고, 남성들과 소통하고자 하는 발화효과행위는 좌절당하며, "더치페이하는 남자가 개념남", "남자는 스물다섯 넘으면 꺾인다" 같은 말들은 아예 그런 관습이 부재하기에 발화내행위를 행할 수조차 없다. 물론 이런 체계적인 침묵을 겪는 것이 여성만은 아니다. 주로 침묵을 경험하는 집단은 그 사회에서 열세에 놓인 사회적 약자들이다. 촛불집회를 통해 민중이 그렇게 항의의 목소리를 높여도 묵묵부답인

---

1   '메갈'과 '돼지'의 합성어.

채로 '개돼지' 취급을 하는 정치인들을 보면 권위에 의해 발생하는 침묵의 비대칭을 알 수 있다.

그러나 두말할 나위 없이 말대꾸 역시 흔히 일어난다. 논리적으로 반론을 펼치거나 설득을 시도하고 타이를 수도 있고, 강하게 대응을 하거나 공론화를 시켜서 역으로 혐오발화자들을 침묵시킬 수도 있다. 화자는 자신의 언어가 낳을 효과를 예측할 수 없다고 주디스 버틀러는 말한다. 버틀러는 맹인 여성의 우화를 들려준다. 아이들이 맹인 여성에게 장난을 치며 "이 손에 든 새가 살았게, 죽었게?"라고 물어본다. 맹인 여성은 그 질문대로 답하길 거부하면서, "모르겠구나. 내가 아는 것은 그것이 너희들 손에 달려있다It is in your hands는 것이지"라고 대답한다. 새가 죽어 있든 살아 있든 아이들 손안에 있는 것은 사실이다. 버틀러에 따르면 그 맹인 여성은 또한 너희가 혐오발언을 계속할 것인지는 "너희들 손에 달려있다"라는 중의적인 답변을 함으로써, 현명하게 아이들에게 혐오발언을 되돌려준다. 이 장면에서 아이들은 맹인 여성의 말대꾸를 예측하지 못했기 때문에, 역설적으로 아이들 쪽이 눈이 멀어 있는 것이 된다.

이처럼 혐오발언의 수신자들은 화자가 미처 예측하지 못한, 허를 찌르는 방식이나 기생적인 방식으로 혐오발언에 대응할 수 있다. 예를 들어 "혹시 김치녀신가요?"라는 혐오발언에 "전 김치녀 아녜요. 스타벅스도 안 가고 더치페이도 열심히 해요"라고 말하며 스스로 개념녀의 코르셋을 입는 순간, 여성혐오발화자의 발화효과행위적 목표는 성공한 것이 된다. 그러나 "혹시 김치녀신가요?"라는 혐오발언에 "뭐라고? 네 자지가 작아서 안 들려"라고 답하는 순간, 우리는 화자가 미처 예상하지 못했던 방식으로 허를 찌름으로써 되받아칠 수 있게 된다. 또한 원본 혐오발언에 기생하는 방식으로 혐오발언의 힘을 빼앗아 올 수 있기도 하다. "좆뱀"이나 "싸튀충"[2]이 갖는 힘은 이 말들의 원본인 "꽃뱀"이나 "낙태충"에서 나왔으며, "군대 가기 싫었으면 안 돼요, 싫어요 했어야지" 같은 미러링은 기존 여성혐오 발언을 도용하여 되돌려줬던 것이다. 메갈리아는 원본 혐오발언을 참칭하고 도용해, 원본의 아우라를 파괴하여 보잘 것 없는 것으로 만들었다. 이는 분명 유쾌한 반란이었으며 이런 미러링 발언이 발화 상황에서 쉽지 않다 하더라도 이후 여성들은 해당 발화 상황에든 그 이후에든 얼마든지 유연하게 말대꾸할 수 있다는 자신감을 얻게 되었다. 개별적인 수신자가 즉석에서 능숙한 말대꾸를 하기는 힘들 수 있지만, 공론화를 통해 같이 목소리를 내어줄 수많은 메갈리안이 증식하게 되었기 때문이다.

　　　사회적 강자는 반항과 말대꾸를 행하지 않는다. 말대꾸는 이미 약자의 발화 방식을 가리키는 말인 것이다. 그러나 기존의 권위가 없던 자들이 반란적인 말대꾸를 행할 때, 그리고 그 말대꾸가 힘을 가지게 될 때, 화자는 어안이 벙벙해지고, 주인의 발화와 노예의 발화의 지위는 교란될 것이다. 메갈리아의 반란의 발화는 그것이 불가능한 일이 아님을 보여주고 있다. 이제는 여성혐오자들이 침묵을 경험할 차례다.

2　　　'싸고 튀다'에 '충'을 붙인 말로 여성을 임신시켜놓고 도망친 남성을 이른다. '낙태충'의 미러링 표현.

참고문헌

Baez, Benjamin *Affirmative Action, Hate Speech, and Tenure: Narratives about Race, Law, and the Academy* (Psychology Press, 2002).

Butler, Judith *Gender Trouble: Feminism and the Subversion of Identity* (New York: Routledge, 1990).

_____ *Excitable Speech: A Politics of the Performative* (New York: Routledge, 1997).

Cortese, Anthony *Opposing Hate Speech* (Westport, Conn.: Praeger Publishers, 2005).

Crenshaw, Kimberlé Williams "Beyond Racism and Misogyny: Black Feminism and 2 Live Crew", in *Words That Wound: Critical Race Theory, Assaultive Speech, and the First Amendment* (Boulder: Westview Press, 1993).

Delgado, Richard "Words That Wound: A Tort Action", in *Words That Wound: Critical Race Theory, Assaultive Speech, and the First Amendment* (Boulder: Westview Press, 1993).

Eichhorn, Kate, "Re-in/citing linguistic injuries: speech acts, cyberhate, and the spatial and temporal character of networked environments", *Computers and Composition*, Volume 18, Issue 3, 3rd Quarter 2001.

Gelber, Katherine *Speaking Back: The free speech versus hate speech debate* (Amsterdam/Philadelphia: John Benjamins Publishing Company, 2002).

_____ "Speaking Back: The Likely Fate of Hate Speech Policy in the United States and Australia", in *Speech and Harm: Controversies over Free Speech* (Oxford: Oxford University Press, 2012).

Hornsby, Jennifer "Free Speech and Hate Speech: Language and Rights", in *Normativity, Facts, and Values* (Quodlibet, Macerata, 2003).

Langton, Rae "Speech Acts and Unspeakable Acts", in *Philosophy and Public Affairs*. Vol. 22, No. 4 (Princeton: Princeton University Press, 1993).

_____ "Pornography's Divine Command? Response to Judith Butler", in

Sexual Solipsism (Oxford University Press, 2009).

_____ "Beyond Belief: Pragmatics in Hate Speech and Pornography", in *Speech and Harm: Controversies over Free Speech* (Oxford University Press, May 2012).

Lawrence Ⅲ, Charles R. "If He Hollers Let Him Go", in *Words That Wound : Critical Race Theory, Assaultive Speech, and the First Amendment* (Boulder: Westview Press, 1993).

Lloyd, Moya *Judith Butler: From Norms to Politics* (Polity Press, 2007).

MacKinnon, Catharine "Not A Moral Issue", in *Feminism Unmodified* (Cambridge, Mass.: Harvard University Press, 1987).

McGowan, Mary Kate "Oppressive Speech", in *Australasian Journal of Philosophy* 87 (3): 389 – 407 (2009b).

McNaughton, Melanie Joy "Insurrectionary Womanliness: Gender and the (boxing) Ring" in *The Qualitative Report*, 17 (2012).

Maitra, Ishani "Subordinating Speech", in *Speech and Harm: Controversies over Free Speech* (Oxford: Oxford University Press, 2012).

Matsuda, Mari J. "Public Response to Racist Speech", in *Words That Wound: Critical Race Theory, Assaultive Speech, and the First Amendment* (Boulder: Westview Press, 1993).

Nielsen, Laura Beth "Power in Public: Reactions, Responses, and Reistance to Offensive Public Speech", *Speech and Harm: Controversies over Free Speech* (Oxford: Oxford University Press, 2012).

Olson, Gary A. and Worsham, Lynn "Changing the Subject: Judith Butler's Politics of Radical Resignification", in *JAC: A Journal of Composition Theory*, Vol. 20 (Fall 2000).

Rubenstein, William B. "The 'Hate Speech' Debate from a Lesbian/Gay Perspective", in *Speaking of Race, Speaking of Sex: Hate Speech, Civil Rights, and Civil Liberties* (New York: New York University Press, 1994).

West, Caroline "Words That Silence? Freedom Of Expression and Racist Hate Speech", *Speech and Harm: Controversies over Free Speech* (Oxford University Press, May 2012).

더 읽어볼 글

린 티렐, 「언어와 권력」 앨리슨 M. 재거·아이리스 마리온 영 엮음, 『여성주의 철학 1』 한국여성철학회 옮김, 서광사, 2005에 수록

캐럴라인 웨스트나 레이 랭턴, 이샤니 마이트라와도 교류하는 린 티렐의 논문은 서광사에서 나온 『여성주의 철학』의 1권 3부에 실려 있다. 여기서 티렐은 언어는 우리의 삶을 지배하는 의미 체계이기 때문에 페미니즘에 있어 언어가 중요하다고 설명한다.

캐서린 A. 매키넌, 『포르노에 도전한다』 신은철 옮김, 개마고원, 1997

원제는 "그냥 말인데 뭐Only Words"이다. 이 책에서 매키넌은 여성들이 당한 성희롱이나 성차별 발언을 증언하거나 항의하면 "그냥 말일 뿐인데 뭐 이리 유난을 떠냐"는 반응으로 되돌아온다고 설명한다. 여성이 어째서 포르노그래피와 성희롱으로 인해 침묵을 경험하는지, 여성과 남성의 표현의 자유는 어째서 비대칭적인지를 폭로한다.

주디스 버틀러, 『혐오발언』 유민석 옮김, 알렙출판사, 2016

원제는 "격분시키는 말Excitable Speech"이다. 버틀러는 이 저서에서 혐오발언이 피해자들을 침묵시키고 불구로 만든다는 마쓰다, 매키넌, 랭턴 등의 발화내행위론에 반론을 제기하면서, 혐오발언은 오히려 피해자들로 하여금 되받아쳐서 말할 수 있도록 만든다는 발화효과행위론을 제시한다. 다양한 철학적 전통에 기대고 있기 때문에 독해가 쉽지 않다.

피에르 부르디외, 『언어와 상징권력』 김현경 옮김, 나남, 2014

사회적 계급에 대한 분석을 도외시한 오스틴, 데리다, 촘스키 등의 언어학을 비판하면서 마르크스스주의적 사회언어학을 개진하고 있다.

용어 해설

발화행위locutionary act

간단히 말해 "어떤 의미를 갖는 문장을 발언하는 것"이다. 따라서 발화행위는 앵무새도 할 수 있다. "김치녀!"라는 발화행위는 '남성에게 기생하는 여성', '의무는 이행하지 않고 권리만 부르짖는 한국 여성'이라는 어떤 뜻sense과 지시대상reference, 즉 '의미'를 가지고 있다. 우리는 앵무새에게 한국 여성을 부정적으로 지칭하는 이 "김치녀!"라는 발화행위를 가르칠 수는 있지만, 이때 앵무새가 의도적으로 혐오발언을 행했다고 보지는 않는다. 랭턴은 혐오발언의 발화행위를 다음과 같은 예로 설명한다. 남아프리카공화국에서 인종 분리정책을 뒷받침하는 법률을 제정하는 맥락에서 "흑인이 투표하는 것은 허락되지 않는다"는 말이 국회의원에 의해 발언된 것을 상상해보자. 이는 발화행위에 해당한다. 지칭하는 것은 '흑인'이다. "김치녀!"라는 여성혐오발언의 발화행위가 지칭하는 것은 한국 여성이다.

발화내행위illocutionary act

"무언가를 말하**면서** 수행되는 행위"를 말한다. 쉽게 말해서 발화 속에 숨겨져 있는 행위라는 뜻이다. 예를 들어 친구네 집에서 늦게까지 놀고 있는데 친구 어머니께서 "시간이 늦었구나"라고 말한다면, 이것은 단순한 발화행위가 아니다. 그 말의 이면에는 "집에 가라"라는 발화내행위가 숨겨져 있을 수 있다. 발화내행위는 그 자체로 행동을 야기하며, 이때 화자는 무언가를 말하면서 동시에 무언가를 행하고 있다. 예컨대 "어두워지기 전에 집에 갈게요"라고 전화로 말하는 것은 **약속하기**의 발화내행위이며, "한국이 다음 월드컵에서 16강에 진출한다는 데 맥주 한 병을 걸겠어"라고 말하는 것은 **내기하기**의 발화내행위다. 추운 겨울 외투를 걸치지 않고 집을 나서려는 동생에게 형이 "밖이 추워"라고 말하는 것은 **경고하기**의 발화내행위다. 다른 예로 "제 생각이 짧았던 점 사과드립니다"라는 말은, 실제로 **사과**라는 행동을 수반한다. "김치녀!"라는 여성혐오발언의 경우는 한국여성들을 비하하고, 차별을 정당화하고, 서열화하며,

경멸하는 발화내행위로 기능한다.

발화효과행위perlocutionary act

발언이 청자에게 미치는 효과와 같이, 발언의 결과를 고려하는 용어다. 쉽게 말해서 말을 들은 이가 갖게 되는 감정과 같은, 말이 세계에 가져온 효과를 뜻한다. 예를 들어 어머니가 반대하는 여성과 끝내 결혼을 관철해 서약의 말을 하고, 그 말을 함으로써 결과적으로 어머니의 마음을 대단히 아프게 했다면 그것은 또한 발화효과행위다. 즉 발화효과행위는 어떤 효과들을 생산하는 언어 행위다. 랭턴은 혐오발언이 갖는 발화효과행위를 다음과 같이 설명한다. "흑인들이 투표하는 것은 허락되지 않는다"는 발화효과행위다. 그 말은 무엇보다 흑인들로 하여금 투표 창구에서 떨어지도록 하는 효과를 갖는다. "백인 전용임white only." 이것 역시 중요한 발화효과적인 결과를 갖는다. 그것은 흑인을 백인의 영역에서 쫓아내고 백인만의 권리를 보장함으로써 인종차별주의를 영속화시킨다. 이는 종속의 발화효과행위다. "김치녀!"라는 여성혐오발언의 발화효과행위는 대표적으로 여성들에게는 상처를, 남성들에게는 선동이었다. 그러나 반대급부적으로 그런 여성혐오에 저항하는 여성 집단인 메갈리아를 탄생시킨 발화효과행위 또한 가져왔다.

구조적 교차성structural intersectionality

여성이 중첩적인 억압 구조 내에 위치되는 방식을 지칭하는 용어로서, 여성이 당하는 억압이 중첩적이고 교차적인 것임을 시사한다. 예컨대 레즈비언 여성은 동성애 억압과 여성 억압, 혹은 동성애혐오와 여성혐오를 동시에 경험한다. 지방대를 다니거나 고졸인 여성은 학벌주의로 인한 차별과 여성 차별을 동시에 경험한다. 시간제노동자로서 상사나 사장에게 성희롱이나 업무 보복 등의 직장 내 괴롭힘을 당하는 여성은, 노동과 성을 동시에 착취당한다. 이자스민 의원에게 쏟아지는 여성혐오는, 인종혐오와 교차한다.

154

정치적 교차성political intersectionality

인종과 젠더에 관한 정치적·담론적 실천들이 종종 유색인종 여성들을 삭제함으로써 상호관련되는 서로 다른 방식을 지칭하는 용어다. 예컨대 촛불집회나 노동운동 판에서 여성주의자들의 목소리를 지운다거나, 여성주의 안에서 다른 소수자의 문제를 묵살하는 것처럼 다른 운동과 대립하거나 다른 운동을 삭제하는 것이다. 이런 소수자운동끼리의 정치적 교차성은 소수자 간의 갈등을 부추기고 증폭시키는 식으로 기득권에 의해 악용되기도 한다.

이 책에 소개된 학자들

레이 헬렌 랭턴Rae Helen Langton

케임브리지 대학 철학과 교수. 메사추세츠 공과대학, 에딘버러 대학, 모나쉬 대학 등에서 가르쳤다. 칸트 철학, 도덕철학, 정치철학, 형이상학, 페미니즘 등에 관한 광범위한 저서들을 출판한 그는 포르노그래피와 대상화에 관한 작업으로 잘 알려져 있다.

로라 베스 닐슨Laura Beth Nielsen

노스웨스턴 대학의 사회학 교수이자 미국 변호사협회 연구교수. 법의 사회학, 즉 일반 사람들이 법을 어떻게 인식하는지, 그리고 인종·성·계급 불평등과 법의 관계에 관심이 많으며 인종차별주의자와 성차별주의자의 혐오발언에 타깃이 어떻게 반응하는지와 이에 맞서기 위해 법을 어떻게 활용하는지 등을 연구했다. 『희롱할 자유: 법, 계급, 모욕적인 공적 表現License to Harass: Law, Hierarchy, and Offensive Public Speech』 등을 썼다.

리처드 델가도Richard Delgado

앨라배마 로스쿨 대학에서 시민권과 비판적 인종 이론을 가르치고 있다. 부인 장 스테판시크와 함께 다양한 논문과 책을 공저했다. 법학 연구의 비판적 인종이론 학파의 설립자이며, 혐오발언에 대한 연구와 스토리텔링을 법학 연구에 도입한 것으로 유명하다.

마리 J. 마쓰다Mari J. Matsuda

미국의 변호사이자 활동가, 하와이 대학 윌리엄 S. 리처드슨 법학과 교수. 불법행위, 헌법, 법학사, 페미니즘 이론, 비판적 인종이론, 시민권법에 특화된 UCLA 법학과 및 조지타운 대학 법률 센터에서 강의했다.

멜라니 조이 맥너턴Melanie Joy McNaughton

브리지워터 주립대학 조교수. 시각문화, 대중문화, 물질문화에 관심이 있는 수사학 비평가다.

벤저민 바에즈Benjamin Baez

플로리다 국제대학 교육 지도 및 정책 연구 부서의 고등교육 부교수. 교육, 정치, 다양성, 사회 정의, 교수 채용 문제(특히 유색인종 교수와 관련한 문제들), 교육과 관련한 법적 문제(특히 인종, 계급, 젠더와 관련한 문제)를 연구하고 있다.

윌리엄 루벤스타인William Rubenstein

하버드 대학 로스쿨 법학 교수. 주로 복잡한 소송과 시민권 변호를 전공으로 하고 있으며 게이, 레즈비언, HIV 양성인들을 폭넓게 옹호해왔다. 시민 절차 및 복잡한 소송에 관해 강의하고 있다.

이샤니 마이트라Ishani Maitra

미시건 주 앤 아버 대학 철학과 부교수. 주요 철학적 관심사는 언어철학(주장, 맥락−의존), 페미니즘 철학(침묵, 종속), 법철학(표현의 자유)이다.

제니퍼 혼스비Jennifer Hornsby

런던 버크벡 대학 철학과 교수. 페미니즘 철학을 비롯해 심리철학, 행위철학, 언어철학을 연구하고 있다. 정신에 대한 최근의 분석철학 내에서의 통설에 반대하고 포르노그래피의 효과를 살펴보기 위해 J. L. 오스틴의 언어행위 이론을 사용한 것으로 잘 알려져 있다.

존 엘스터Jon Elster

노르웨이의 사회 및 정치 이론가. 사회과학과 합리적 선택이론에 대한 철학적 저술을 썼고 분석 마르크스주의의 저명한 지지자이기도 하다. 주로 행동주의와 심리학적 근거하에 신고전주의 경제학과 공공선택이론을 비판했다.

주디스 버틀러^{Judith Butler}

버클리 소재 캘리포니아 대학 수사학과와 비교문학과 교수. 미국의 철학자이자 젠더 이론가로 정치철학, 윤리학, 여성주의, 퀴어 이론, 문학이론에 관한 영향력 있는 책들을 저술했다. 『젠더 트러블: 페미니즘과 정체성의 전복』과 『의미를 체현하는 육체: 섹스의 한계에 관한 담론』으로 잘 알려져 있으며, 젠더에 대한 전통적인 개념에 도전하여 젠더 수행성에 대한 이론을 발전시켰다. 레즈비언과 게이의 권리를 적극적으로 지지해왔으며, 많은 동시대 정치 이슈에 목소리를 냈다. 특히 이스라엘이 모든 유대인을 대표하는 것이 아니며 대표할 수도 없음을 강조하면서 시오니즘과 이스라엘 정치, 이스라엘–팔레스타인 갈등의 영향에 대해서 강력하게 항의한다.

캐럴라인 웨스트^{Caroline West}

시드니 대학 철학과 부교수. 주요 강의 영역과 연구 관심사는 형이상학(특히 인간 정체성), 윤리학, 정치철학, 행복과 웰빙에 대한 철학 및 심리학, 응용윤리학 그리고 페미니즘 철학이다.

캐서린 겔버^{Katharine Gelber}

퀸즐랜드 대학 정치학 및 공공정책 교수. 표현의 자유와 표현 규제를 전공했다. 2014년에 루크 맥나마라와 함께 '볼트 사건'로 알려진 호주 혐오발언 사건을 연구해 호주에서 정치학 최고 학술논문에 수상하는 메이어 학술논문상을 수상했다. 2011년 출간한 저서 『문제는 말이다: 표현의 자유 권리를 얻는 법 Speech Matters: Getting Free Speech Right』으로 호주 인권상 논픽션 부문 최종후보에 올랐으며 표현의 자유에 대한 기여로 펜 케닐리 상을 수상했다. 법, 사회, 정치, 인권 등에 관해 계속해서 다양한 연구를 발표하고 있다.

캐서린 앨리스 매키넌Catharine Alice MacKinnon

미국의 페미니스트, 학자, 변호사, 교사, 활동가. 성희롱과 포르노그래피에 관해 연구했으며 혐오 선동과 포르노그래피, 평등에 관한 그의 이론은 국제적으로 영향을 미쳤다.

케이트 아이크혼Kate Eichhorn

뉴스쿨 대학의 문화 및 미디어 연구 부교수이자 작가, 비평가, 문화 활동가. 인쇄물의 생산, 순환, 보존이 현대의 사회운동을 어떻게 형성하는가를 탐구했다. 『페미니즘에서의 기록적인 전환: 질서 속의 분노The Archival Turn in Feminism: Outrage in Order』를 저술했으며, 현재는 복사기가 20세기 후반의 미학과 사회운동에 끼친 영향에 관한 미디어 역사를 연구 중이다.

킴벌리 윌리엄스 크렌쇼Kimberlé Williams Crenshaw

UCLA 로스쿨 및 콜롬비아 로스쿨 전임교수. 미국 시민권운동 옹호자이자 비판적 인종이론으로 알려진 영역의 선구적 학자다. 인종과 젠더 문제 전공으로 교차성 이론, 즉 중첩되거나 교차되는 사회적 정체성, 특히 소수자 정체성이 억압, 예속, 혹은 차별의 체계 및 구조와 관련되는 방식을 소개하고 발전시킨 것으로 잘 알려져 있다.

폴 비릴리오Paul Virilio

프랑스 문화 이론가, 도시 계획 전문가 그리고 "속도의 철학자"다. 건축, 회화, 군대를 다양하게 참조하여, 속도 및 권력과 관련하여 발전해온 것으로서의 테크놀로지에 대한 저술들로 잘 알려져 있다.

저자 후기

남자는 자고로 집에서 조신하게 과일이나 깎고 여자 말에 말대답하지 말고 고분고분해야 하는 법인데, 메갈리아를 옹호한다는 명분으로 남자 주제에 나의 목소리가 담장 밖으로 나와버렸다. 책을 쓰면서 내가 또다시, 발화불가능한 채로 언어 권력을 박탈당하고 침묵당해왔던 여성의 "언어 자본"을 빼앗는 것이 아닌가 하는 염려가 들었다. 특히 젠더 퀘스쳐너리에 가깝다고 여기기는 하지만, 어쨌거나 남성 젠더를 수행 혹은 패싱하며 살아오면서 유무형의 간접 자본을 활용해왔던 남성 화자가 나설 때, 메갈리아를 곡해하고 왜곡시킬 뿐 아니라 또다시 나로 인해 누군가가 침묵을 경험하게 되는 건 아닌가 괴롭기도 했다.

그 누구도 메갈리아를 대변할 순 없다. 메갈리아의 언어는 수많은 메갈리안의 목소리여야 한다. 나는 단지 메갈리안의 한 사람으로서, 또한 침묵과 혐오를 연구한 이로서 메갈리아를 둘러싼 편견과 오해, 무지, 혐오에 대해 일종의 "되받아쳐 말하기"를 한 것이다. 따라서 이 책 자체가 여성혐오에 대한 말대꾸로서 기획되었다.

내가 고민하고 연구한 분야는 여성이나 동성애자, 장애인, 트렌스젠더를 교묘하게 침묵시키는 혐오발언과 이에 대한 말대꾸로서의 대항 발화counter-speech였다. 내가 이 주제를 고민하게 된 것은 살면서 접하고 경험했던 이런저런 혐오와 침묵의 경험 때문이었으며, 항상 헛소리를 접하고 난 뒤에야 '그때 왜 바보같이 대응하지 못했을까, 맞받아치지 못했을까' 후회했기 때문이다. 언어를 고민했고 언어의 부족을 느꼈으며, 무엇보다도 혐오나 침묵, 말대꾸 같은 언어와 권력의 문제에 관심을 가진 것은 이런 경험 때문일 것이다. 그러던 중 책에서 인용한 학자들을 만났다. 이미 페미니즘 내에서 이런 침묵과 말대꾸에 대해 많은 고민을 해온 페미니스트 언어철학자가 존재함을 알게 되었고, 그들이 이미 혁신적인 이론 작업으로 페미니즘과 분석철학 양쪽에서 성과를 내왔다는 것도 알게 되었다.

이 책의 제목인 『메갈리아의 반란』은 주디스 버틀러의 '반란적인 발화'에서 따온 것이다. 본문에서도 언급했듯 반란적인 발화란 "말할 수 있는 권위를 부여받지 않고서도 권위를 가지고 말하기"다. 여성혐오의 피해자였던 대부분의 메갈리안에겐 아무도 그렇게 말할 수 있는 권위를 부여해주지 않았다. 그러나 그들은 여성혐오자의 언어를 찬탈해서 도용함으로써 권위를 가지고 말하게 되었다. 나는 메갈리아가 보여준 이 반란의 발화가 사회적 약자의 말대꾸를 통해 약자의 언어 권력을 강화할 수 있음을 보여주는 훌륭한 저항의 방식이라고 생각한다. 노비가 양반을 조롱하며 풍자할 때 어떤 해학적인 웃음과 미학의 순간이 존재하듯이 말이다. 버틀러에 따르면 "반란적인 말은 상처를 주는 언어에 대한 불가피한 반응, 위험에 처해진 것에 대응하여 취해진 위험, 변화를 행하게 만드는 언어 내에서의 반복"(Butler 1997)이다. 메갈리아의 반란적인 발화는 여성혐오가 탄생시킨 필연적인 대응이었다.

다만 아쉬운 점은 책의 포커스가 여성혐오와 메갈리아다 보니 교차성에 대한 문제와 다른 혐오의 문제가 은폐된 부분이 없지 않다는 사실이다. 물론 메갈리아의 대항 발화는 혐오발언과 결이 다르며 메갈리아의 대항 발화가 다른 사회적 약자에 대한 혐오 발언이 될 수 있는지의 여부는 J. L. 오스틴의 표현을 빌리자면 해당 표현의 의도, 기능, 화자, 청자, 결과 등의 '전체적인 발화 상황'에 따라 고려되어야 한다. 그러나 메갈리안이 시스젠더 여성 중심이라는 것에는 동의한다. 실제로 메갈리아에는 트랜스혐오발언이나 동성애혐오발언, 장애혐오발언이 있었다. 특히 개인적으로도 메갈리아의 저항 방식을 두둔하다가 교차성을 인식하지 못하고 장애인혐오, 트랜스젠더 혐오를 재생산하는 방식으로 다른 분에게 상처를 주기도 했다. 다른 자리를 빌어서라도 사과드리고 싶다.

나는 언제나 다른 사회적 약자의 저항 발화를 응원할 것이다. 예컨대 "이성애는 고칠 수 있는 병 아닌가요?" "넌 언제부터 이성애자가 되었니?" "이성애는 이혼율이 높아서 가정을 파괴한다." "어떻게 징그럽고 더럽게 여자와 남자가 섹스를 할 수 있죠?" "이성애는 자궁경부암과 매독의 주범" 같은 카운터 스피치에, 아니 더 나아가 트랜스젠더 혹은 에이섹슈얼, 장애인이 메갈리아의 일부 성별 이분법과 이성애중심주의, 성기중심주의, 장애인 비하 재생산을 비판하면서 "메갈 거기 완전 일베 아니냐?"라고 말하는 그 카운터 스피치에도 손뼉을 치며 응원을 보낼 것이다. 굳이 메갈리아라는 이름이 아니더라도 사회적 약자의 대항 발화, 이런 '을의 반란'에는 언제나 정당성이 존재하기 때문이다.

비트겐슈타인은 "나의 언어의 한계는 내 세계의 한계"라고 말했다. 그만큼 우리는 우리의 언어가 아닌 것이 우리의 언어인 줄 알고 말하고 있고, 우리의 고통이나 욕망을 대변해줄 언어가 부족한 세계를, 아니 타인에 의해 우리의 언어가 부정당하는 세계를 경험하고 있다. 그러나 비트겐슈타인의 말을 바꾸어 말하면, 언어의 한계가 확장된다면 세계 또한 확장된다. 메갈리아는 여성에게 금지되어왔던 많은 관습을 뒤흔들고 교란함으로써, 여성을 침묵시키는 여성혐오자를 역으로 침묵시킴으로써, 성차별이 극심한 한국 사회에서 여성에게 강요되어왔던 규범을 거부함으로써, 기존에 억압당해왔던 사회적 약자의 대항 발화를 보여줌으로써, 그것을 통해 많은 여성에게 반향을 이끌어냄으로써 세계를 확장시킬 가능성을 보여주었다고 생각한다. 그것은 단지 언어뿐 아니라 언어 바깥의, 우리의 진짜 세계 자체가 변하는 경험이 아닐까?

다양한 혐오발언과 성희롱, 성차별 발언에 대응할 수 있는 매뉴얼을 제공하는 봄알람 출판사의 첫 책 『우리에겐 언어가 필요하다』(이민경 2016) 역시 혐오로 가득 찬 세계에 말대꾸하고 변화시킬 수 있는 가능성을 보여준 시도 중 하나다. 그렇다. 우리에겐 싸울 수 있는, 이 세계를 바꾸어낼 언어가 필요하다. 이 책 역시도 혐오발화자와의 그러한 싸움에 작으나마 보탬이 되었으면 하는 바람이다. 책이 나오기까지 많은 격려와 조언을 아낌없이 제공해주신 봄알람 출판사 선생님들께 감사의 인사를 전한다.

추천의 글

언어분석철학으로
한국사회의 역동적 이슈를
해부해내는 적확한 적용력

윤지영, 건국대 몸문화연구소 교수

페미니즘의 세기

한국사회의 지각판이 들끓고 있다. 평온해 보이던 일상의 제반 질서 곳곳이 페미니즘적 사유의 메스로 낱낱이 해부되고 있기 때문이다. 이러한 페미니즘의 세기에 대한 반동으로서의 혐오 역시 초와 분 단위로 확산되고 있는 격동 한가운데에서, 이 책은 메갈리아라는 가장 논쟁적인 키워드를 이론화하고자 한다. 이러한 지적 에너지와 용기가 이 책의 면면에 흐르고 있으며 현실에 적극적으로 개입함은 물론 현실을 재구성해내어 새로운 미래를 기획하고자 하는 개념적 상상력까지 담아내고 있다. 또한 이 책은 서구 사상가들의 이론 체계를 수입하는 데에 그치지 않고 이를 한국사회의 이슈들을 통찰해내는 역량으로 변환시키고자 한다.

영미 언어분석철학자들—랭턴, 델가도, 마쓰다, 코티즈, 닐슨, 마이트라 등—이 지금까지 분석해온 혐오의 언어가 주로 유대인, 흑인, 성소수자, 여성 등을 향한 것이었다면, 한국사회의 혐오의 언어는 상대적으로 그 대상이 여성에게로 편중되어 있는 특징을 보인다. 이러한 혐오의 젠더화 경향을 파헤치기 위해 저자는 언어분석철학 이론을 소환해 유용하게 활용하고 있다. 한국사회의 여성혐오라는 문화적 맥락을 진단하고 혐오발언의 효과와 혐오발언의 분류화, 이에 대한 저항 방식까지 언어분석철학 이론에서 재발굴해 내는 번뜩임이 돋보인다.

저자가 미러링을 '미증유'(전대미문)의 발화 양식으로 평가한다면, 나는 이러한 미증유를 기존의 남근적 서사 양식에 대한 '증류' 작업으로 평가하게 된다. 여기서 증류란 기체를 냉각시킨 후 이를 다시 액체화하는 작업이다. 증류 작업으로서의 미러링 전술이란 과연 무엇인가? 일상성 안에서 농담이나 관습처럼 우리를 스쳐 지나가는 휘발성 높은 혐오 발화들을 그저 흘려 넘기지 않고 이를 표본화(박제)한 후, 다시 페미니즘의 열점 안으로 가져와 기존 의미망을 헤집고 들끓게 함과 동시에 이것의 의미 축을 흐물거리게 하기. 이러한 방식의 재전유와 전도는 혐오발언의 견고성을 부수어내는 액화 작업이며 바로 이것이 미러링 전술이다. 나아가 각각의 상이한 비등점을 가진 혐오발언의 요소 하나하나를 분리, 분석하고 폭로, 해체하는 것이 바로 미러링이라는 미증유의 발화가 시행하는 증류 작업인 것이다.

내용 얼개와 비평

이러한 관점에서, 이 글이 전개하고 있는 증류 작업은 크게 일곱 단계를 거치고 있다고 할 수 있다. 1장에서 혐오발언은 비대칭적 위계관계에서 발생하는 권력적 발화행위임이 효과적으로 드러난다. 혐오발언은 듣는 자의 위치점 위로 공포라는 특정 형태의 감정을 새겨 넣고 침묵을 선도하는 권력의 기술이다. 여기서 침묵은 중층적인 것으로, 발화 자체를 차단하는 침묵부터 설사 발화를 했다 하더라도 이를 묵살시켜버리는 침묵, 관습적 위치가 점유하고 있는 말의 분배판 위에서 이미 말의 자리를 제대로 배분받지 못한 이들이 경고나 거절, 항거의 발화 양식을 구성할 수조차 없도록 이를 차단하는 언어의 편향적 구조 등으로 분류되고 있다.

2장에서는 혐오발언이 지니는 속성을 다룬다. 혐오발언은 특정 메시지를 수용하도록 하는 특징이 있어, 혐오발언의 대상자가 그 혐오의 속성을 본질적으로 가지는 것처럼 오인하도록 한다. 즉 혐오발화에서 혐오 유발의 원인자적 특성들을 스스로가 가지기 때문에 혐오발언이 양산된다는 오인 구조를 통해 혐오발언의 정당성은 높아지며 혐오의 대상자들 스스로가 자기혐오의 늪에 빠지게 되는 것이다. 또한 여성혐오의 언어가 세 가지 세계의 구축을 통해 가동됨을 이 책은 걸출하게 그려내고 있다. 첫 번째로 선동이라는 인지 호소는 '김치녀가 실제로 존재하며 선량한 남성을 착취, 이용하고 있다'는 믿음-세계를 구축한다. 두 번째로 욕망 호소는 여성으로 하여금 스스로 개념녀가 되기를 선택해 김치녀가 아님을 증명하기를 강요하는 욕망-세계를 구축한다. 세 번째로 정서 호소는 김치녀에 대한 혐오와 증오를 배설해내도록 하는 혐오-세계를 구축한다. 이 세 세계의 건설은 여성혐오의 정당성을 강화할 뿐만 아니라 듣는 이의 믿음 체계와 욕망 양태, 행동 양식마저 특정한 방향으로 구조화하는 힘을 발휘한다.

3장에서는 버틀러를 소환하며 언어가 사회적 권력 지도로 환원되지 않는 유동성과 불안정성을 갖고 있음을 강조한다. 저자는 언어적 권력이 사회, 문화적 권력과의 일대 일 대응 지도로만 남지 않음을 강조하며 메갈리아의 미러링 스피치가 반란의 언어로 기능하게 됨을 논증한다. 여기서 언어의 규범성을 뒤틀고 언어적 권력을 찬탈하는 행위로서의 미러링은 저항 도구로서의 언어의 힘을 보여주는 것임이 드러난다.

4장에서는 혐오발언의 '사용'과 '언급'을 개념적으로 구분한다. 전자가 일베의 혐오발언이자 증오의 증폭 행위라면 후자가 메갈리아의 혐오 차용 발언에 해당하며, 이것은 오히려 증오를 멈추게 하는 행위이자 혐오발언을 문제적 텍스트로 만듦으로써 비판적 성찰의 장을 여는 방식임을 설명한다. 또한 메갈리아의 남성 혐오발언은 분노의 서사에 가까우며 이것이 남성중심적 사회에서 남성 젠더를 억압하는 성차별의 기제가 될 수 없음을 거듭 확인시킨다.

5장에서는 마이트라의 언어분석철학을 통해 혐오발화의 증폭과 권위의 획득이 듣는 자들의 침묵에 의한 것임을 논증한다. 혐오발언을 실질적으로 사용한 이가 아니더라도, 그 사용에 대해 침묵하고 넘어간 이들은 이러한 혐오발언의 사용자에게 발화의 권력을 승인한 셈이라는 것이다. 즉 이것은 혐오발화의 권력성과 확산성에 기여한 공모와 동조의 입장으로 적극적으로 해석될 수 있다. 이러한 맥락에서, 혐오발언 앞에서 침묵하길 거부하고 이에 적극적 대응을 하며 침묵과 동조의 방식과 결별한 메갈리아야말로 혐오발화의 권위를 실추시키고 혐오의 확산을 저지한 저항자다. 그러하기에 메갈리아를 혐오의 확산자라 비난하는 소극적 혐오발언 공모자들이야말로 자신들이 승인한 혐오발언에 대한 윤리적 책임의식부터 다시 구축해야 함을 저자는 날카롭게 비판하고 있다.

6장에서는 부드러움, 조신함, 착함, 순응성을 여성의 본질로 주입하는 기존의 이분법적 젠더 체계가 메갈리아의 반란적 발화를 통해 전복되고 있음을 보여준다. 그런데 이 장은 지금까지의 장에 비해 메갈리안의 전술이 갖는 한계를 드러내는 비판적 논지로 구성되어 있으며 논쟁의 지점 또한 내포하고 있다. 저자는 메갈리아의 남성 동성애자 비하 발언이 동성애혐오라는 또 다른 소수자에 대한 혐오를 재점화하며 이는 여성혐오와 동성애혐오가 중층적으로 연결될 수 있음을 간과하는 것이라고 주장한다. 저자는 킴벌리 윌리엄스 크렌쇼의 구조적 교차성 개념을 가져오며 여성혐오가 또 다른 소수자 혐오와 어떻게 중층적으로 연관 관계를 가지는지, 여성혐오가 어떤 소수자 혐오를 통해 강화되고 있는지를 치밀하게 들여다보아야 한다고 주장하고 있다. 나아가 남성 동성애자가 쓰는 '끼순이', '뒷보지' 같은 용어는 오히려 여성성을 본질화하는 관습을 깨뜨리는 재치 있는 말장난에 해당하며 이것이 여성혐오적 발화에 속하지 않는다고 주장한다.

그러나 나로서는 '끼순이'와 '뒷보지'라는 용어의 전복성에 의문을 제기할 수밖에 없다. 남성 동성애자가 여성성을 전유하는 반란적 차용으로 받아들이기에는 이미 이 용어에는 남성 중심적 관점에서 일방적으로 정의되어온 비하적 측면의 여성성이 아무런 문제의식 없이 사용되고 있기 때문이다. 과도한 애교라는 행동 양식(끼순이)과 삽입의 구멍으로 환원되는 여성 성기(뒷보지)는 남성 중심적인 사회에서 여성성이 비하, 폄하, 조롱되는 방식이며 바로 이러한 멸시의 측면은 여성혐오의 기폭제로 인터넷 커뮤니티와 일상 속에서 가동되고 있다. '끼순이'는 여성의 발화가 '아몰랑' 등의 애교나 비합리성, 교태 등의 사적 영역에서만 적합한 감정적 행위들로 점철되어 있음을 의미하는 표현이며 '뒷보지'는 여성이 매 순간 삽입 구멍이자 욕망 배설소로 사물화되는 현실을 다시금 상기시키는 용어이기 때문이다. 다시 말해, 여성혐오발언이 내리꽂히는 직접적 대상으로서 공포감과 수치심을 온몸으로 느끼게 되는 여성들에게 있어, 끼순이와 뒷보지라는 용어는 여성혐오발화의 대상자가 아닌 이들이 언어유희를 통해 여성혐오를 재생산하는 언어권력 행위로 읽히지, 재전유라는 전복성으로 읽히지 않는다.

나아가 남성 동성애자들이 사용하는 '끼순이'와 '뒷보지'라는 용어는 탑top과 대비되는 바텀bottom의 수동성을 극화해서 드러내고 이 '바텀'을 전형적 남성성―삽입하는 자, 공격하는 자―을 충족시키지 못하는 자로 위치 지은 뒤 이러한 위치성을 곧 여성이라는 젠더적 위치성과의 유사성, 근접성으로 이해하고 있음을 드러낸다. 즉 이 용어들은 남성 동성애자들이 갖고 있는 섹슈얼리티의 수행과 인식 방식이 여전히 여성적인 것과 남성적인 것이라는 이분법적 젠더 체계에 걸려들 수 있음을 여실히 보여주는 것이다. 남성이 삽입의 대상이 될 때에 이를 '뒷보지'라고 지칭하는 것에서 삽입의 대상은 보지의 본질인데 이러한 원본으로서의 보지를 갖지 못한 이들이 애널 섹스를 '뒷보지'로 규정해버림으로써 이를 정상화된 이성애 섹스의 규범 속에 재기입해버리고 있기 때문이다. 여기서는 남성 동성애자들이 자신들의 섹슈얼리티를 이성애 규범주의에 입각해 읽어내는 한계를 비판해야 할 것이며 바로 이러한 이성애 규범주의가 전제하고 있는 여성혐오를 남성 동성애자들이 변용해서 확산시키고 있음을 인정해야 한다.

　　메갈리안이 비전형적 남성성인 성 소수자들 역시 여성혐오를 수행하는 혐오발언 확산자, 사용자가 되고 있음을 적확히 비판하고자 한다면, 기존의 남성 중심적 언어에서의 '똥꼬충'이나 '에이즈충'이라는 혐오 표현 대신 새로운 언어를 생산해 이를 문제화했어야 한다. 다시 말해, 전략상의 미흡함이 문제였지만 메갈리안이 건드리고자 했던 남성 동성애자 내의 여성혐오 문제는 비주류적 남성성들이 여성혐오의 투쟁자가 아닌 결탁자가 되는 이유는 과연 무엇인가를 철학적으로 반문하게 하는 논쟁적 사유의 지점이 될 것이라고 생각한다. 즉 저자가 비판하는 대로, 메갈리아가 소수자들 간의 대립각만을 세우는 정치적 교차성에 교착된 상태가 아니라, 남성 성소수자들이 여성혐오를 활용하여 자신의 섹슈얼리티를 어떻게 극화하고 내면화하는가를 정치적 교차성 개념을 통해 비판적으로 해부해내야 할 과제를 안고 6장은 마무리된다.

　　7장은 혐오발언의 청자가 자신에게 내리꽂히는 혐오 표현을 욕설로 받아들이지 않고 이를 재전유해버릴 때에 혐오발화의 본래적 의도가 붕괴될 수 있음을 설명한다. 이러한 '말대꾸하기'는 혐오발언 대상자의 언어 권력을 신장시키는 방식이다. 저자는 캐서린 겔버의 말대꾸 정책을 차용하며 혐오발언에 대한 저항과 대항 의견을 가진 이의 발화에 힘을 실어주고 혐오발언에 의해 피해 입은 이에게 보상을 해주는 정책적 지원을 제도화해야 함을 주장한다. 이러한 말대꾸하기 정책은 혐오 표현에 대항하는 표현의 자유를 신장시키면서 혐오발언의 피해를 물질적, 경제적, 심리적 지원을 통해 해소해나가려는 적극적 정책이기 때문이다. 이러한 관점에서 저자는 메갈리아가 말대꾸를 넘어 혐오발언에 대항하는 또 다른 언어의 양식들을 생산했고 이를 통해 표현의 자유를 확대시킨 동시에 여성의 언어 권력을 확장함으로써 정치적 평등에 기여한 것이라고 평가하고 있다.

메갈리아를 기록하는 해석-지식 공동체의 도화선

이 책은 언어분석철학이 페미니즘이라는 사유의 스펙트럼과 만났을 때 어떤 식으로 사회문화 현상에 대한 분석과 진단, 대안들을 구성해낼 수 있는가를 자유자재로 펼쳐내 보여준다. 저자는 혐오의 서사에서 여성이 지속적으로 소환되고 있는 한국사회에 영미 분석철학이 어떠한 이론적 도구로 활용될 수 있는가를 7개의 장에 걸쳐 매우 명쾌하게 논증해내고 있다. 또한 이 책은 구조적 교차성과 정치적 교차성이라는 개념을 통해 소수자들 간의 연대 가능성과 억압의 작동 방식의 중층성, 복합성, 대결 가능성 등을 이해할 수 있도록 해준다. 여성혐오와 남성 동성애자 혐오에 관한 책의 분석방식에는 동의하지 않지만, 소수자들의 연대체 구성에 대해 책이 제시하는 개념적 단초는 관련 논의가 확장, 심화될 수 있는 이론적 바탕을 제공하고 있다. 뿐만 아니라, 말대꾸하기 정책 같은 것은 한국사회의 혐오 동학에 대한 제도적 해법이 될 수 있다는 점에서 이론적 분석을 넘어서는 의의가 있다고 생각한다.

　　이 책은 많은 이의 일상이 개념지도 위에서 하나하나 맞물리며 풀려나가기 시작할 때의 통렬한 쾌감을 선사한다. '어쩔 수 없다'고 많은 이가 무릎 꿇어버린 지점에서 다시 분연히 일어나 저항한 메갈리아의 역사를 기록하고 이를 해석하는 지식 공동체를 구성하도록 하는 도화선으로 이 책은 기능한다. 이제 페미니즘의 세기는 피해갈 수 없는 사유와 실천의 흐름임이, 이 책을 통해 한 번 더 증명되었다.

찾아보기

용어

인명

문헌

메갈리아의 반란

ⓒ유민석

1판 1쇄 발행   2016년 12월 26일
1판 2쇄 발행   2017년 8월 23일

지은이   유민석
디자인   우유니게
편집   두루
홍보   정혜윤/esse

펴낸곳   봄알람
출판등록   2016년 7월 13일 2016-000203호
전자우편   we@baumealame.com
페이스북   www.facebook.com/baumealame
트위터   @baumealame
홈페이지   baumealame.com

ISBN 979-11-958579-3-7 03300

이 도서의 국립중앙도서관 출판예정도서목록(CIP)은
서지정보유통지원시스템 홈페이지(http://seoji.nl.go.kr)와
국가자료공동목록시스템(http://www.nl.go.kr/
kolisnet)에서 이용하실 수 있습니다.(CIP제어번호:
CIP2016031138)

이 책은 마포 디자인·출판 진흥지구 협의회(DPPA)의
출판지원사업의 도움을 받았습니다.